集めるごとに運気アップ！

御朱印でめぐる関東の神社

週末開運さんぽ

東京　神奈川
千葉　埼玉
茨城　栃木
群馬

改訂版

御朱印、頂けますか？ のひと言からはじまる幸せ

もともと、お寺で納経をした時に、
その証として授与していた御朱印。
今では参拝の証として、
気軽に頂けるようになり、
最近では女性を中心に
集める人が増えています。

集めてみたいけれど
なんだかハードルが高そうで
踏み出すのをためらっていませんか？
大切なのは感謝の気持ちとマナー。
（マナーは本書で詳しくお伝えします！）

寶登山神社 奥宮

本書では、御朱印がすばらしい、
御利益が凄い、と評判の高い
関東地方の神社を一万社以上のなかから
徹底リサーチし、厳選しました。

取材を通じて、すばらしい神社と
御朱印にたくさん出合いました。

結婚や出会い、金運、仕事運……。
参拝や御朱印集めがきっかけで
幸せになった方の話を神社の皆さんから
たくさん教えてもらいました。

初めてでも
「御朱印、頂けますか？」と
勇気を出して、ひと言を。
きっと神様と御朱印が、幸せを
運んでくれることでしょう。

本書の楽しみ方

御朱印集めが楽しくなる情報と運気アップの秘訣を詰め込みました。初めての方は第一章から、ツウの方は第三章から読むのがおすすめ。もちろん御朱印をぱらぱら眺めるのも◎です。

目次 御朱印でめぐる関東の神社 週末開運さんぽ

Part3 金運

Part4 美容◆健康

Part5 仕事◆学業

Part6 レア御利益

COLUMN

本書をご利用になる皆さんへ

※本書に掲載の神社はすべて写真・御朱印の掲載等許可を頂いています。掲載許可を頂けなかった神社は掲載していません。

※本書のデータはすべて2024年11月現在のものです。参拝時間、各料金、交通機関の時刻等は時間の経過により変更されることもあります。また、アクセスやモデルプランなどにある所要時間はあくまで目安としてお考えください。

※神社名・神様の名称・施設名等は各神社で使用している名称に準じています。

これからも手に取った方の心を動かし、思い出に残るような御朱印を届けたい

カラフルな色文字や工夫を凝らした印はかわいらしいものから、神々しさを感じるような絵入りのものまで。さまざまな御朱印で全国的にも知られる櫻木神社で御朱印へのこだわりや、込めた思いについてお伺いしました。

櫻木神社 権禰宜　**北山 健光**さん

櫻木神社の詳しい紹介はP.80へ

3種の基本的な御朱印 きっかけはコロナ禍

櫻木神社では現在3種類の通常御朱印を頒布しています。季節ごとの色文字に社名印または社紋印を押す御朱印が2種類（以下、色文字御朱印）。もう1種類は墨文字に季節ごとに異なる桜印を押す御朱印（以下、花印御朱印、下の写真）です。「2020（令和2）年春以降、コロナ禍で参拝を控える方が多くなっていました。郵送での御朱印授与を希望する声も届くようになり、今のような形になりました」と語るのは祭儀部長で権禰宜の北山健光さん。「先が見えない時期を過ごす皆さんに、どのような御朱印が喜んでいただけるのか。神職や巫女で知恵を出し合いました」。そうして生まれたのが現在の通常御朱印でした。「皆さん外出ができず、季節の移ろいを感じる機会が減っていました。文字色の変化で、少しでも四季を感じていただきたかったのです。従来の墨文字の御朱印をお求めの声には、花印御朱印を用意してご要望にお応えしました」。これらの御朱印は2024（令和6）年で5年目となりましたが「色文字御朱印は同じ季節でも、毎年、前年とは文字色を変えています。色文字御朱印にも花印御朱印にも、月ごとの月印を押印し、違いを楽しんでいただいています」と変化や進化を続けられているそうです。

季節に応じて中央の花印が変化する花印御朱印。上は冬の裏櫻印

芽吹櫻《めぶき》　燕櫻《つばめ》　横見月櫻《よこみつき》　裏櫻《うら》

可憐で美しい限定御朱印 人気はさくらの日まいり

櫻木神社では「正月」「さくらの日まいり」「春大祭」「夏詣」「酉の月」「いい夫婦」といった期間限定の御朱印も人気です。特に人気なのは「さくらの日まいり」御朱印です。「当社では毎年3月9日・19日・29日を桜の観測日と定め、開花状況を神前に奉告してきました。春の喜びを神様とともに楽しんでいただきたく、観測日の3日間限定で特別な御朱印を始めたのが、当社の限定御朱印の始まりでした。現在では3月9日から29日までを授与期間としております。毎年デザインがを変わるので楽しみにしてくださっている方が多いようです。特に2020年のさくらの日まいり御朱印はコロナ禍で郵送対応を始めた年でしたから、私どももとても印象に残っています。郵送を希望される方々とのやりとりはメールで行っておりましたが、「満開の桜の御朱印をお送りいただき、実際に手に取ると、とても励まされました」といったメッセージをくださる方も多く、私のメールボックスは優しい言葉や日常回帰への希望であふれました。本当

に郵送授与を実施してよかったと思いましたね」。コロナ禍でも心の拠所を求める方々に御朱印を届けたいという思いから始まった郵送対応ですが、櫻木神社の神職の方々の心にも希望を届けていたようです。

福龍を配した2024（令和6）年のさくらの日まいり限定御朱印の社紋印版。限定御朱印にも社紋印版と社名印版があり、デザインがそれぞれ異なっています

境内の福龍にちなんだ新たな御朱印

さらに2024年から新たに頒布を始めた御朱印もあります。右ページの写真で北山さんが手にしている「龍神ハート御朱印」もそのひとつ。「境内のコナラの木が立ち枯れたので、2023（令和5）年にチェーンソーアーティストの方に福龍として彫っていただきました。2024年3月のさくらの日まいりに福龍にちなんだ御朱印を頒布したのですが、通年でも福龍御朱印を頒布したく、絵が得意な巫女を中心に制作したのです。御朱印2体を合わせると龍神の手でハートができるんですよ」。龍の角などに施されたピンクの箔押しがとてもきれいな御朱印です。

手に取ってもらった時に少しでも感動を

こういった御朱印の新規制作には、どれくらい時間がかかるのでしょう。そう尋ねると「図案の考案、修正、試作を繰り返し、だいたい2カ月くらいでしょうか」とのこと。「同じ神社の御朱印を頂くにしても、何か少しでも変化があると、手に取った時に小さな感動や刺激があるのではないかと思っています。御朱印を新しく制作する時に大切にしているのは、参拝者に感動していただけるかどうかです」と北山さんは微笑まれました。「これからも当社にお参りしたい、と思っていただけるような御朱印を頒布していきたいですね。数年後に御朱印を見返した時に、参拝した時の思い出がよみがえる手助けになればうれしいです」と願う北山さんでした。

2024（令和）6年開始の御朱印めぐり

＼なのはな御朱印めぐり／

千葉県女子神職会企画

櫻木神社など千葉県の神社18社がコラボレーションした「なのはな御朱印めぐり」で"なのはな"を咲かせてみませんか。参加18社のうち、櫻木神社を含む10社で「開花の栞」を頂けます。各参加神社で「なのはな御朱印」を頂くごとに「なのはな」の押印を栞に頂けます。18個の印が集まると栞に「なのはな」が満開となり、満願です。詳しいルールや授与期間は千葉県女子神職会のInstagramで確認ができます。

その他2024（令和6）年の限定御朱印（社紋印版）

社名印版はP.19で紹介！

酉の日〈箔押し〉

正月

酉の日〈イラスト 2023（令和5）年〉

春大祭

いい夫婦の日

夏詣

関東 神社 おさんぽマップ

関東には、約1万3000社以上もの神社があります。
本書ではそのなかから御朱印と御利益の凄い神社を
厳選してご紹介。マップを見ながら、近くの神社から
御朱印めぐりをスタートしてみませんか！

鷲神社(P.137)
吉原神社(P.76)
小野照崎神社(P.131)
鶯谷駅
今戸神社(P.82)
目白駅
JR山手線
上野駅
浅草神社(P.63)
高田馬場駅
湯島天満宮(P.120)
赤城神社(P.67)
御徒町駅
皆中稲荷神社(P.97)
東京大神宮(P.79)
芸能浅間神社（花園神社）(P.134)
水道橋駅
飯田橋駅
神田神社(P.62)
大久保駅
新大久保駅
第六天榊神社(P.110)
JR中央線・総武線
御茶ノ水駅
秋葉原駅
浅草橋駅
靖國神社(P.76)
市谷亀岡八幡宮(P.136)
両国駅
JR総武線
馬喰町駅
小伝馬町駅
新宿駅
市ケ谷駅
神田駅
小網神社(P.98)
鳩森八幡神社(P.55)
新宿御苑
四ツ谷駅
新日本橋駅
松島神社(P.135)
皇居
代々木駅
千駄ヶ谷駅
信濃町駅
東京駅
水天宮・寶生辨財天(P.109)
日枝神社(P.64)
赤坂御用地
明治神宮(P.81)
八丁堀駅
有楽町駅
乃木神社(P.91)
東郷神社(P.131)
鐵砲洲稲荷神社(P.136)
原宿駅
烏森神社(P.65)
越中島駅
新橋駅
歌舞伎稲荷神社(P.14)
代々木八幡宮(P.76)
JR京葉線
JR山手線
波除神社(P.135)
愛宕神社(P.124)
日比谷神社(P.134)
渋谷駅
出雲大社東京分祠(P.78)
浜松町駅
芝大神宮(P.83)

円覚寺
藤沢駅
JR東海道本線
湘南町屋駅
北鎌倉駅
鶴岡八幡宮(P.39)
葛原岡神社(P.40)
石上駅
湘南深沢駅
建長寺
本鵠沼駅
荏柄天神社(P.39)
柳小路駅
湘南モノレール
源氏山公園
佐助稲荷神社(P.41)
鎌倉宮(P.38)
鵠沼駅
銭洗弁財天宇賀福神社(P.98)
西鎌倉駅
片瀬山駅
鎌倉大仏
鎌倉駅
龍口明神社(P.87)
湘南海岸公園駅
小田急江ノ島線
和田塚駅
八雲神社(P.40)
目白山下駅
長谷寺
湘南江の島駅
御霊神社(P.41)
由比ヶ浜駅
江ノ島駅
長谷駅
腰越駅
片瀬江ノ島駅
極楽寺駅
JR横須賀線
鎌倉高校前駅
七里ヶ浜駅
江ノ島電鉄
稲村ヶ崎駅
小動神社(P.41)
江の島
江島神社・江島弁財天(P.86)

関東 神社 INDEX

本書に掲載している関東の神社を都県別・五十音順でリストアップ。
御朱印さんぽの参考にしてみてください。
御朱印を頂いたら□にチェック✓しましょう!

第一章

まずはここから！ 神社の御朱印入門

御朱印の見方から頂き方のマナーまで、御朱印デビューする前に知っておきたい基本をレクチャー。基礎知識を知っているだけで御朱印めぐりがだんぜん楽しくなります。

御朱印ってナニ？

御朱印は、もともとお経を納めた証に寺院で頂いていたもの。
それがいつしか、神社でも、参拝によって神様とのご縁が結ばれた証として
頂けるようになりました。ですから、単なる参拝記念のスタンプではありません。

御朱印の本来の役割って

御朱印はもともと、自分で書き写したお経を寺院に納め、その証に頂くものでした。寺院で「納経印」とも言われているのはこのためです。いつしか、納経しなくても参拝の証として寺社で頂けるようになりました。お寺ではじまった御朱印ですが、江戸時代にはすでに神社でも出されていたと言われています。

神社で御朱印を頂くってどういうこと

神社で御朱印が頂ける場所はお守りやお札の授与所がほとんどです。書いてくださるのは神職の方々。御祭神の名前や神社名が墨書され、神社の紋などの印が押されます。

神社で御朱印を頂くというのはその神社の神様との絆が結ばれたといえるでしょう。決して記念スタンプではありません。ていねいに扱いましょう。

世界でひとつの御朱印との出合いを楽しみましょう

御朱印は基本的に印刷物ではありません。神職の皆さんがていねいに手書きしてくださる、世界にひとつのものです。ですから、墨書には書き手の個性があらわれます。そのため、本書に掲載した御朱印と同じものが頂けるとは限りません。同じ神社でも書き手によって、墨書や印の押し方が違うからです。印も季節によって変わったり、新しいものに作り替えたりすることもあります。御朱印自体が頂けなくなることさえあるのです。二度と同じ御朱印は頂けない、それが御朱印集めの楽しみでもあります。

神社の御朱印の見方

白い紙に鮮やかな朱の印と黒々とした墨書が絶妙なバランスで配置されている御朱印。まさにアートを見ているような美しさがあります。では、いったい、墨書には何が書かれ、印は何を意味しているのでしょう。御朱印をもっと深く知るために墨書や印の見方をご紹介します。

御朱印帳・袋・お守り。3つお揃い！

神社によっては御朱印帳と同じデザインのお守り、御朱印帳袋を頒布しているところがあります。御朱印帳袋は御朱印帳を汚れから守ってくれ、ひとつあると御朱印帳を持ち歩くときに便利です。

かわいい桜柄のセットは櫻木神社(P.80)のもの

社名の押し印

神社名の印です。印の書体は篆刻（てんこく）という独特の書体が多いのですが、なかには宮司自らが考案したオリジナルの書体の印もあります。

奉拝

奉拝とは「つつしんで参拝させていただきました」という意味です。参拝と書かれることも。

神紋

神社には古来から伝わる紋があります。これを神紋あるいは社紋といいます。神紋の代わりに御祭神のお使いを表す印や境内に咲く花の印、お祭りの様子を表した印などが押されることもあります。

参拝した日にち

何年経っても、御朱印を見れば自分がいつ参拝したのか、すぐわかります。同時に日付を見るとその日の行動も思い出せるので、旅の記録にもなるでしょう。

社名など

中央には朱印の上に神社名が墨書されることが多く、社名のほかに御祭神の名前を書く場合もあります。また、朱印だけで神社名の墨書がない御朱印もあります。八百万神だけあって、史実の人名やおとぎ話の登場人物の名前が書かれることも。

表紙

神社ではオリジナルの御朱印帳を作っているところが多くあります。表紙には、社殿、境内、神紋や祭礼、御神木、花、紅葉など、その神社を象徴するシンボルがデザインされていることが多いです。

個性がキラリ 御朱印ギャラリー

gallery

神社では御祭神や御祭神のお使い、御利益など、その神社らしさを表現するため、墨書や印に工夫を凝らした御朱印を授与しています。こうした御朱印を考えるのはその神社の神職や職員の皆さんです。ここではユニークな御朱印や限定御朱印の数々をご紹介します。

変わったモチーフの御朱印

かわいいキャラクターや神社の位置する場所、その神社の代表的な行事などをモチーフにした御朱印です。御朱印帳に楽しい彩りを添えてくれます。

ハローキティ

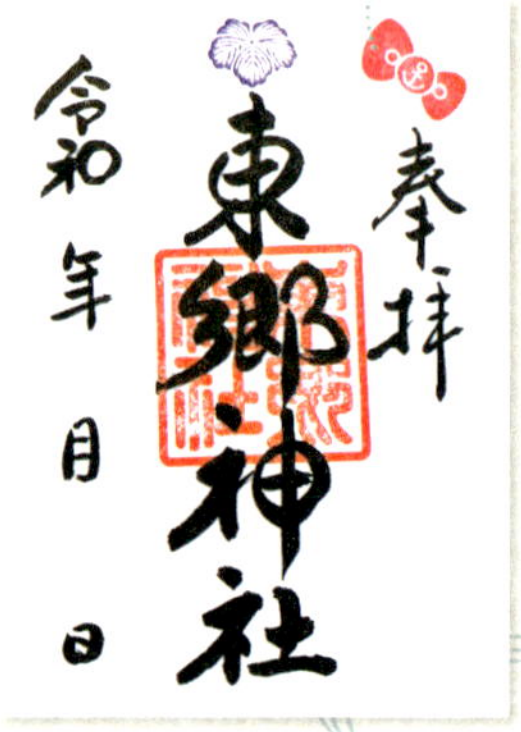

東郷神社（東京）P.131

墨書／奉拝、東郷神社　印／キティちゃんのリボン、神紋の蔦、東郷神社

●東郷神社のハローキティ御朱印帳（P.22）にだけ頂ける御朱印。「キティランド」が神社と同じ渋谷区原宿にあるご縁からコラボが実現。右上のキティちゃんのリボンの中心には、海軍の将軍だった御祭神にちなみ、錨のマークが描かれています

雛人形

湘南淡嶋神社（神奈川）P.114

印／鶴嶺八幡宮末社、相州湘南淡嶋神社、男雛と女雛の印、がん封じ、湘南淡嶋神社

●鶴嶺八幡宮の境内末社。3月3日が例祭日で、雛人形供養が特に有名なことから、印にもお雛様が押されています。この御朱印は通年頂けます

歌舞伎座の座紋

歌舞伎稲荷神社（東京都中央区銀座4-12-15）

墨書／奉拝、歌舞伎稲荷神社　印／歌舞伎座、歌舞伎座の座紋「鳳凰丸」、歌舞伎稲荷神社之印

●歌舞伎稲荷神社は歌舞伎座の正面に向かって右側にある神社。御朱印は歌舞伎座地下2階木挽町広場「お土産処かおみせ」で頂けます。御朱印には「歌舞伎座」の印も押されています

集印帳

歌舞伎舞踊の「藤娘」が表紙。とても華やかです。御朱印と同じく「お土産処かおみせ」で販売（税込1980円）

飛行機

羽田神社（東京都大田区本羽田3-9-12）

墨書／奉拝、羽田総鎮守、羽田神社　印／羽田神社、飛行機の印

●羽田の氏神様で羽田空港も氏子にあたります。境内からは旋回する機体を見ることができるため、飛行機の印が押されています。航空安全や旅行安全、航空業界への就活祈願に多くの人が訪れます

期間限定御朱印

新年や御祭神の月命日の限定、一定期間のみ頒布される御朱印など、短い期間にしか頂けない御朱印です。新年の御朱印には「開運」など縁起のよい言葉が記されているものや、華やかなデザインのものが多くあります。

期間限定

北澤八幡神社（東京） P.67〈掲載は2024（令和6）年秋頃頒布の御朱印です〉

北澤八幡宮には基本となる御朱印はなく、すべての御朱印が期間限定での頒布です。デザインは時期や年によって変わり、訪れるたびに新しい御朱印に出合える楽しみがあります。

【右／シール台紙タイプ（800円）】墨書／奥下北沢鎮座、幸せの猪目ハート、北澤八幡宮印／七澤八社随壱、北澤八幡宮、猪目模様で描いた神紋の三つ巴
【左／アクリル板タイプ（1000円）】墨書／北澤八幡宮　印／北澤八幡宮

新年限定

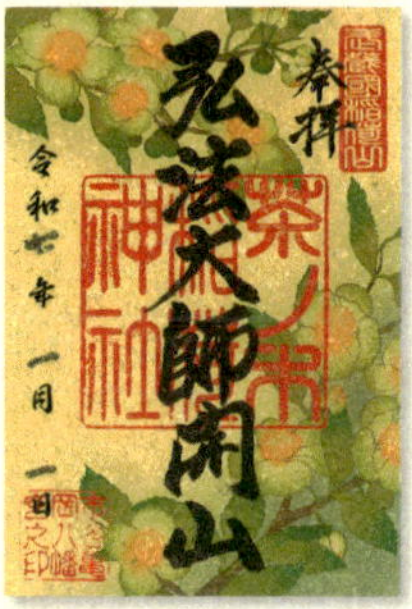

茶ノ木稲荷神社（東京） P.136

市谷亀岡八幡宮の摂社である茶ノ木稲荷神社の新年限定御朱印。煌びやかな金色の台紙にお茶の花が描かれています。

墨書／奉拝、弘法大師開山　印／武蔵國稲荷山、茶ノ木稲荷神社、市谷亀岡八幡宮之印

初詣限定

千葉神社（千葉） P.70

1月1日～2月の節分に初詣限定の御朱印を2種類授与しています。御朱印は星の動きを支配するという御祭神の印です。初詣限定の御朱印はどちらも、書き置きの半紙で御朱印帳には書いていただけません。

【左】墨書／初詣参拝之証、妙見　印／神紋、厄除開運、千葉神社、社紋、八方除　●神紋の月星印と社紋の九曜紋が中央の印のなかに押されています。妙見とは御祭神の北辰妙見尊星王のこと
【右】墨書／初詣参拝之証、月呼星拾　印／千葉天神　●「月呼星拾」とは「ツキを呼び、勝ち星を拾う」という星の神様に因んだ言葉

月命日限定

松陰神社（東京） P.131

墨書／松陰神社　印／松陰先生月命日奉拝、松陰神社、東京鎮座、吉田松陰のシルエット
●御祭神の吉田松陰が亡くなったのは10月27日。そこで毎月27日（月命日）にはシルエットの印を押していただけます

新年限定

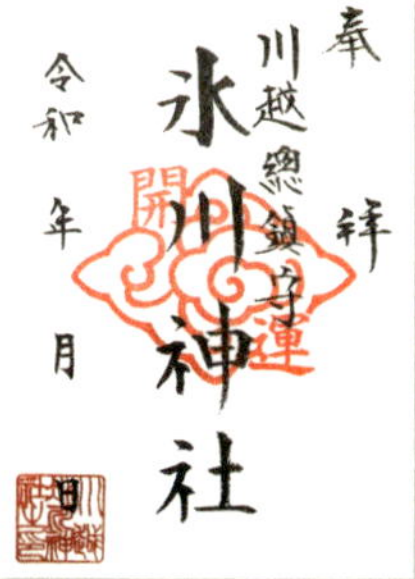

川越氷川神社（埼玉） P.88

墨書／奉拝、川越總鎮守、氷川神社　印／開運「雲菱」という神聖な雲の社紋印、川越氷川神社之印
●1月1日～2月3日まで限定で「開運」の印が押された御朱印を頒布。ただし、御朱印帳に書いていただくのではなく書き置きのみの授与です

季節限定御朱印

祭礼や茅の輪などの年間行事や四季を表現した印を押していただけます。
鮮やかな色彩の印が多く、御朱印帳が明るくなります。

烏森神社（東京） P.65

雛祭り限定御朱印は桃の節句に合わせてピンク色、7月には「七夕まつり」と書かれた御朱印、6月の夏越《なごし》期間には茅の輪の印、5月には例大祭特別御朱印、大神輿が担がれる本祭には神輿渡御の御朱印などが授与されます。（※限定御朱印頒布の日程はウェブサイトで告知されます。事前に確認を）

通常

雛祭り限定

例大祭限定

神輿渡御年限定

夏越大祓限定

七夕祭り限定

鎮守氷川神社（埼玉） P.100

御祭神スサノオノミコトのシルエットの印の色が季節毎に変わります。春（4～6月）は若葉の緑、夏（7～9月）は涼しげな藍色、秋（10～12月）は紅葉の赤、冬（1～3月）はクールな紫と、季節を表現した色合いです。そして、全4色を揃えて神社の人に見せると金色の印を押していただけます。

墨書／奉拝 埼玉県川口市青木鎮座、鎮守 氷川神社　印／埼玉県鎮守神社川口市、鎮守氷川神社、スサノオの印

全色授与者限定

もともとスサノオの印は青一色のみでしたが、日本の美しい四季を色で表現しようと、職員が考案。2015年4月から季節変わりの御朱印をスタートしました。

春限定

夏限定

秋限定

冬限定

蛇窪神社（東京） P.97

御祭神である龍神と白蛇の印が押され、その上に社印。社印は神聖な鏡「八咫鏡《やたのかがみ》」をかたどっています。「蛇窪大明神」とは神社の位置する場所の旧地名「蛇窪村」で、その村の守り神「白蛇」のことです。1月は新年を祝う金と銀色、4月は境内の桜を表現したピンク色、9月は雨乞いの御利益を表現した水色の印が押されます。

印／清浄、蛇窪大明神、蛇窪神社、龍神の印、白蛇の印

通常

1月限定

4月限定

9月限定

高麗神社（埼玉） P.127

出世・開運の御利益で知られる神社。豊かな自然に囲まれた境内では年間を通して花が絶えることなく、四季折々の美しい風景を楽しめます。御朱印の右下には境内に自生するナンテンなどの山野草や、スイセン、ツバキをはじめとした季節の花々の印を押していただけます。

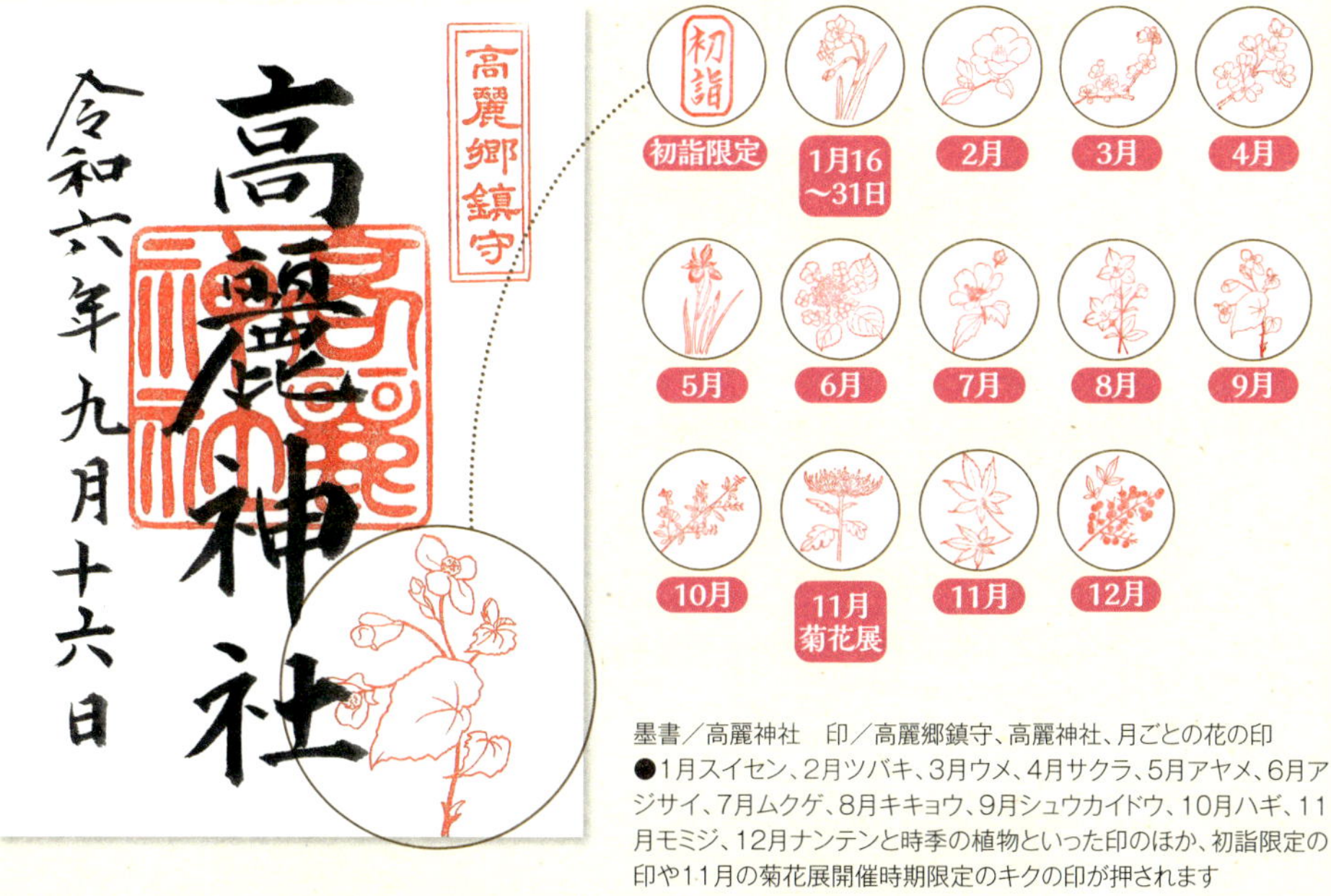

墨書／高麗神社　印／高麗郷鎮守、高麗神社、月ごとの花の印
●1月スイセン、2月ツバキ、3月ウメ、4月サクラ、5月アヤメ、6月アジサイ、7月ムクゲ、8月キキョウ、9月シュウカイドウ、10月ハギ、11月モミジ、12月ナンテンと時季の植物といった印のほか、初詣限定の印や11月の菊花展開催時期限定のキクの印が押されます

月替わりの印が頂ける御朱印

櫻木神社では、1年を通して色文字に社名印または社紋印が押された御朱印と、四季ごとの花印が押された御朱印を頒布。3種類すべての右上に、季節のメッセージを綴った月替わり印を押していただけます。

櫻木神社（千葉） P.80〈掲載は2023（令和5）年12月～2024（令和6）年11月の御朱印です〉

［共通］ 墨書／下総國のだ、櫻木神社、奉拝　印／櫻木神社の社名印、社紋印または花印

社名印　社紋印　花印

春

3月　4月　5月

夏

6月　7月　8月

秋

9月　10月　11月

冬

12月　2月

行事ごとの特色豊かな御朱印

神社の催しや季節のイベントに合わせてデザインされた櫻木神社の個性あふれる御朱印。
P.7に掲載の御朱印と合わせると1枚の絵やメッセージが完成する2枚1組の御朱印もあります。

櫻木神社（千葉） P.80

［共通］　墨書／奉拝、下総國のだ（御朱印による）、櫻木神社　印／櫻木神社之印

正月限定

●絵に「たつ」が隠された御朱印（左）と象形文字の「辰」が書かれた御朱印（右）

さくらの日まいり限定

●どちらの御朱印も毎年3月9～29日の期間に頒布

春大祭限定

●毎年4月17日開催の例大祭で頒布

夏詣限定

●7月1日以降の夏詣期間に頒布

酉の日限定

●どちらの御朱印も9月の酉の月まいり期間に頒布〈掲載は2023（令和5）年の御朱印〉

いい夫婦の日限定

●11月22日前後の期間に頒布

天狗の限定御朱印

古峯神社が祀る御祭神のお使いである天狗を描いた御朱印。手描きが可能な御朱印のほか、
印刷のみの絵柄の御朱印も数種類あります。詳しくは参拝時に確認を。

古峯神社（栃木） P.73〈掲載は印刷された御朱印の一例です〉

［共通］　墨書／奉拝、古峯ヶ原、古峯神社　印／崇敬古峯社、古峯神社または参拝記念古峯神社

七福神の御朱印

七福神とは恵比寿、大黒天、毘沙門天、弁財天、布袋尊、寿老人、福禄寿の7柱の神様をいいます。

七福神をすべて参拝すると災難に襲われるのを防ぎ、開運や福を招く御利益を授かるとされています。

恵比寿

恵比寿社（箱根神社内）（神奈川） P.127

墨書／奉拝　印／箱根七福神、恵比寿神、商売繁盛家内安全、箱根神社
●恵比寿様の印は福々しい表情です

大黒天

笠間稲荷神社（茨城） P.121

墨書／常陸國七福神、笠間稲荷神社、大黒天　印／御神像の印　●大黒様は頭巾を被り、打ち出の小槌を持っています

毘沙門天

波除神社（東京） P.135

墨書／大願成就の御利益を授ける毘沙門天　印／波除神社　●槍ではなく剣を持っているのが珍しいです

弁財天

水天宮・寶生辦財天（東京） P.109

墨書／奉拝、寶生辦財天　印／福、弁財天、水天宮境内鎮座　●「福」の印入り

布袋尊

冠稲荷神社（群馬） P.90

墨書／七福神の名称、日本七社冠稲荷神社、七福神、明和二年（一七六五）奉斎　印／冠稲荷神社　●一枚に七福神が集結

寿老人

鷲神社（東京） P.137

墨書／奉拝、寿老人　印／浅草名所七福神、寿老人、神のお使いの鹿、社紋、浅草田圃鷲神社　●寿老人が従えている鹿の印入り

福禄寿

今戸神社（東京） P.82

墨書／奉拝、福禄寿　印／浅草名所七福神、福禄寿、福禄寿と鶴の印、令和六年、福禄寿、今戸神社
●福禄寿の印は宮司のイラストから作られました

七福神のプロフィール

★恵比寿　左手に鯛、右手に釣り竿を持つ姿で描かれます。航海と商売繁盛、無病息災、招福などの御利益を授けてくれます

★大黒天　大きな宝袋を背負い、手には振ると富をもたらすという打ち出の小槌を持つ姿で知られています。金運、開運の御利益があります

★毘沙門天　仏を守護する神様です。甲冑《かっちゅう》姿で一般的には槍を手にしていますが、波除神社の印では剣を持つ珍しい姿。御利益は勝運、厄除けです

★弁財天　七福神のなかで唯一の女神です。琵琶を持った姿で描かれ、恋愛成就や学業向上、蓄財、さらに芸事上達の御利益もあります

★布袋尊　仏教の神様「弥勒菩薩」の化身ともされ、太ったおおらかな風貌がトレードマーク。御利益は商売繁盛、招福、子宝、家庭円満です

★寿老人　1500歳の寿命を全うした仙人とされ、長寿が御利益。お使いの鹿を連れ、長寿を表す長いひげ、杖を持った姿で描かれます

★福禄寿　「福」は幸福、「禄」は収入や身分、「寿」は寿命を表し、幸せと金運、子孫繁栄、長寿に恵まれるという御利益を表しています

ファースト御朱印帳をゲットしよう！

御朱印を頂きにさっそく神社へ！
その前にちょっと待って。
肝心の御朱印帳を持っていますか？
まずは御朱印帳を用意しましょう。

1 あなたにとって、御朱印帳は思い入れのある特別なもの

御朱印はあなたと神様とのご縁を結ぶ大事なもの。きちんと御朱印帳を用意して、御朱印を頂くのがマナーです。御朱印帳はユニークでかわいい表紙のものがいっぱいなので、御朱印帳を集めることも楽しいでしょう。御朱印帳が御朱印でいっぱいになって、何冊にもなっていくと、神様とのご縁がどんどん深まっていくようでとてもうれしいものです。御朱印には日付が書いてありますから、御朱印帳を開くと、参拝した日の光景を鮮明に思い出すこともできるでしょう。

2 御朱印帳は、神社はもちろん文具店やネットでも入手できます

どこで御朱印帳を入手すればよいのかを考えると、まず、思い浮かぶのは神社。本書で紹介している神社の多くは、お守りなどを頒布している授与所で御朱印帳を頒布しています。ファースト御朱印と同時に、その神社の御朱印帳を入手するとよい記念になりますね。神社以外で御朱印帳を入手できるのは、和紙などを扱っている大きな文房具店やインターネット通販。自分が行きたい神社に御朱印帳がないようなら、こうした販売先からあらかじめ入手しておきましょう。

3 御朱印帳を手に入れたらまず名前、連絡先を書き入れます

御朱印帳を入手したら、自分の名前、連絡先を記入しましょう。神社によっては参拝前に御朱印帳を預け、参拝後に御朱印を記入済みの御朱印帳を返してもらうところがあります。混雑しているとき、同じような表紙の御朱印帳があると、自分のものと間違えて他の人のものを持ち帰ってしまう……なんてことも。そうならないよう裏に住所・氏名を記入する欄があれば記入しましょう。記入欄がなければ表紙の白紙部分に「御朱印帳」と記入し、その下に小さく氏名を書き入れておきます。

4 カバーをつけたり専用の入れ物を作ったり、大切に保管

御朱印帳は持ち歩いていると表紙が擦り切れてきたり、汚れがついたりすることがしばしばあります。御朱印帳をいつまでもきれいに保つためにカバーをつけることをおすすめします。御朱印帳にはあらかじめビニールのカバーがついているものや神社によっては御朱印帳の表紙とお揃いの柄の御朱印帳専用の袋を用意しているところがあります。何もない場合にはかわいい布で御朱印帳を入れる袋を手作りしたり、カバーをつけたりしてはいかがでしょう。

わたしにピッタリ♥の御朱印帳ってどんな御朱印帳なのかな？

神社で入手できる御朱印帳1

神社で頒布している御朱印帳は御祭神の姿や社殿、社紋、創建、由緒、祭礼などにちなんだ図柄を配した表紙が特徴です。最近は表裏を使ってひとつの柄を描いた迫力のあるものやかわいいキャラクターの表紙も増えてきました。

かわいいも、かっこいいも! デザインいろいろ御朱印帳

鹿島神宮(茨城) P.48

表紙は日本画家・池上秀畝(いけがみしゅうほ)氏が描いた「猛鷲離陸」を刺繍。裏は神紋の三つ巴、桐、蝶、花菱などが刺繍されています

鶴岡八幡宮(神奈川) P.39

淡いピンク色に染められた縮緬(ちりめん)の布地が上品。神楽を舞う巫女と桜の模様

東郷神社(東京) P.131

ハローキティの柄で大人気。キティちゃんのリボンの印がいただけます(P.14)

水天宮・寳生辨財天(東京) P.109

木目の台紙に東西南北を守る、青龍、白虎、朱雀、玄武が描かれています

武蔵一宮 氷川神社(埼玉) P.71

神聖な雲「八雲」が描かれた御朱印帳(1~6月に頒布)。7~12月は赤色のデザインに変わります

江島神社・江島弁財天(神奈川) P.86

黒地に迫力ある金色の龍神様が描かれた御朱印帳。ビニールカバー付きで頒布

報徳二宮神社(神奈川) P.130

小田原城、富士山、二宮金次郎など御祭神と小田原ゆかりの模様を並べた和モダンな御朱印帳

寶登山神社(埼玉) P.45

桜の名所らしく、桜と神社の近くにある長瀞峡の水の流れを表した上品な表紙

全国総社会

上野総社神社(群馬/P.74)などの総社が属する全国総社会の神社で頒布。旧国名入りの日本地図の表紙

笠間稲荷神社(茨城) P.121

稲荷大神様のお使いである狐をデザインした色鮮やかな御朱印帳

鎮守氷川神社(埼玉) P.100

イラストレーター横尾忠則氏が御祭神のスサノオノミコトを描いた表紙。数量限定で入手困難な一冊(3000円)

神社で入手できる御朱印帳2

見開き御朱印帳　表と裏表紙を使用し、ひとつの図柄を大きく描いています

行田八幡神社（埼玉）P.115

社殿全景が金地に刺繍されています。裏表紙にある「封じの宮」とは病気治癒・予防の御利益があることを示しています

赤城神社（群馬）P.116

十二単姿の御祭神・赤城姫を織り込んだ表紙の華麗な御朱印帳。紫色以外にも黒、桃、山吹、赤（P.116）があります

鷲神社（東京）P.137

翼を広げ、今にも飛び立とうとしている勇猛なワシを、表裏の画面いっぱいに描いています。ビニールのカバー付き

御朱印帳を保護！　模様入りのビニールカバーや、収納できる御朱印帳袋が付いています

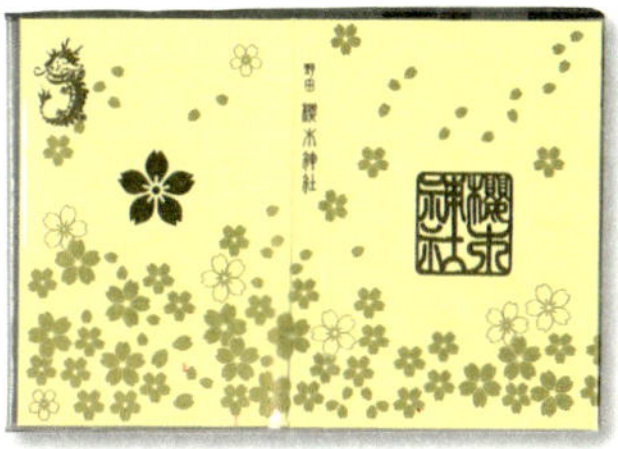

珍しい背表紙付き

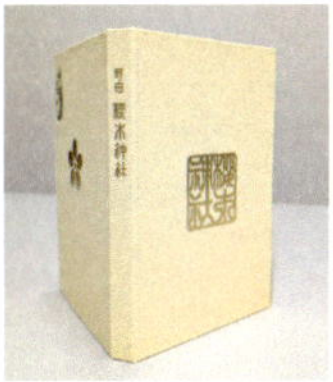

櫻木神社（千葉）P.80

桜模様のかわいいビニールカバーがセットになった革張御朱印帳「ウコンザクラ」（掲載は令和6年度版）。

表紙のカラーと左上の干支は毎年変わります

表

裏

羽田神社（東京）P.14

羽田空港近くにあり、航空安全の御利益がある神社らしく、飛行機と羽田祭で担がれる御神輿が表紙

御朱印帳と同じ絵の御朱印帳袋！

季節限定御朱印帳　季節限定の御朱印帳は数に限りがあることも多いので早めに入手を

大宝八幡宮（茨城）P.99

スプルスと呼ばれる木で製作した表紙。期間限定で季節の花の焼き印を押したものを授与していただけます

あじさい

いちょう

きく

お店やウェブサイトで買える御朱印帳1

日本情緒あふれる和柄からポップでかわいいユニークな模様までバラエティに富んだ表紙の御朱印帳が見つかるのは専門ショップならでは。御朱印帳以外でも御朱印集めに便利なグッズもいろいろあります。

伝統和柄縞文様

麻の葉や矢絣などの日本の伝統文様が色鮮やかに配された一冊（1980円）

椿と和柄猫顔（白）

猫の顔の中にさまざまな和柄やお花が描かれた華やかなデザイン（1980円）

御朱印帳専門店 ホリーホック

御朱印帳専門サイトです。神社めぐりをしているときに、「もっと個性的で持っているだけでワクワクするような御朱印帳があってもよいのでは?」というスタッフの思いから、オリジナル御朱印帳の制作・販売を始めました。600種以上の御朱印帳や関連グッズが揃っています。

https://www.goshuincho.com/

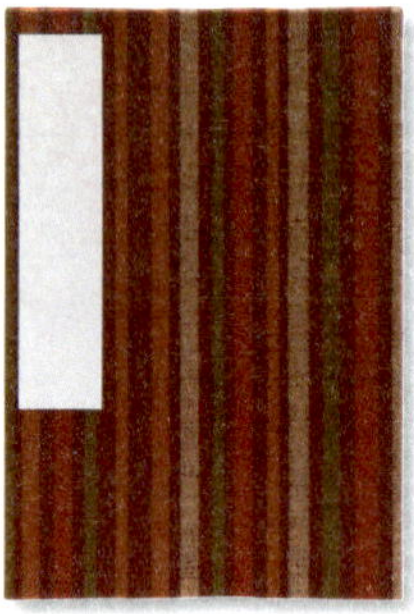

滝節縞模様

滝の流れをイメージした縞模様の一冊。落ち着いた雰囲気が魅力（1980円）

二色花桜（ピンク）

ピンク地に二色の桜が散りばめられた優しい雰囲気の御朱印帳（1980円）

御朱印ホルダー

御朱印帳を忘れた時など、あらかじめ半紙に書いてある御朱印（書き置き）を頂くことがあります。その書き置きの御朱印を保管できるホルダーです（2970円）

書き置きの御朱印（1枚紙の御朱印）を大切に保管できる帳面です

フィルムをめくって御朱印を挟むだけ

御朱印帳と一緒に使いたいGoods 1

御朱印帳バンド 330円

御朱印帳がバッグの中などで開いてしまうのを防ぐバンドです。全20色。御朱印帳の表紙の色と合わせて選べます

お賽銭用がま口 990円

手のひらサイズのがま口財布。御朱印を頂くときはあらかじめ小銭を用意しておくのがマナー。御朱印の初穂料やお賽銭用のお財布として用意しておくと便利です

お店やウェブサイトで買える御朱印帳2

榛原（はいばら）

1806年、東京日本橋に創業。以来、200年にわたり和紙の小物製品を製作・販売しています。榛原のオリジナル千代紙を表紙にした御朱印帳が各種揃っています。オンラインショップもあり、ウェブサイトからの購入も可能です。

御朱印帳 各2310円

東京都中央区日本橋2-7-1東京日本橋タワー
https://www.haibara.co.jp/

丸紋花づくし
アヤメ、キキョウなどの花々で四季の風情を表しています

牡丹
赤地に緑の葉や白い花びらが鮮やかな配色で描かれています

色硝子（青）
精緻な模様が花瓶やグラスなどのガラス工芸品を思わせる図案です

おしどり
夫婦仲がよいというオシドリの表紙は良縁祈願の御朱印に最適

桜（ピンク）
春のあたたかさが感じられる淡いピンクがとても上品な色調です

御朱印帳の中紙には筆で書きやすい良質の奉書紙という和紙が使用されています

kichijitsu（キチジツ）

山梨県富士吉田市にある掛け軸の生地などを製造する会社「光織物」とデザイナーの井上綾さんがコラボ。「毎日が吉日」をテーマにユニークなデザインの御朱印帳を製作。ウェブサイト、セレクトショップで販売しています。

GOSHUINノート 各2530円

http://kichijitsu.jp/

梅
梅とウグイスは昔ながらの図案。「GOSHUIN」と鳴いています

竹
虎と竹の大胆な図柄は友達に見せたくなるようなユニークさ

松
松と鶴は長寿の象徴。とても華やかで縁起のよさを感じさせます

富士山
富士山の背後から日が昇り、「開運」をイメージさせる表紙です

御朱印帳と一緒に使いたいGoods 2

ごいっしょぶくろ 2530円
御朱印帳を汚れから防いでくれるポーチです。サイズは広げた状態で16×28㎝。折りたたんで付属のリボンで結べます。御朱印帳だけでなく、ほかの小物入れにも応用できます。

デビュー前に教えて！

もっと知りたい御朱印Q&A

御朱印に関するマナーから素朴なギモン、御朱印帳の保管場所、御朱印帳を忘れたときのことまで、デビューの前に知っておきたいことがいろいろあるはず。御朱印の本を制作して10年以上の編集部がお答えします。

Q この本で紹介している神社でしか御朱印は頂けませんか？

A 神職常駐の神社ならたいてい頂けます

本書に掲載している神社以外でも、神職が常駐しているところなら頂けます。ただし、なかには神職がいても御朱印を頒布していない神社もあります。社務所に問い合わせてください。

Q ひとつの神社に複数御朱印があるのはなぜですか？

A 複数の神様をお祀りしているからです

主祭神のほかに、主祭神と関係が深い神様など、さまざまな神様を境内にお祀りしている神社では主祭神以外の御朱印を頒布するところもあります。いずれにせよ、参拝を済ませてから、授与所で希望の御朱印を伝えて、頂きましょう。

Q 御朱印を頂く際に納める初穂料（お金）はどのくらいですか？ また、おつりは頂けますか？

A ほとんどが500円。小銭を用意しておきましょう

ほとんどの神社では500円ですが、限定御朱印など特別な御朱印では1000円以上納める場合もあります。おつりは頂けます。とはいっても、1万円や5000円を出すのはマナー違反。あらかじめ小銭を用意しておきましょう。「お気持ちで」という場合も500円を目安にしましょう。

Q ジャバラ式の御朱印帳ではページの表裏に書いてもらうことはできますか？

A 裏にも書いていただけます

墨書や印などが裏写りしないような厚い紙が使用されているものなら裏にも書いていただけます。

撮影地：武蔵一宮 氷川神社

Q 御朱印帳の保管場所は、やはり神棚ですか？

A 本棚でも大丈夫です

神棚がベストですが、大切に扱うのであれば保管場所に決まりはありません。本棚、机の上など常識の範囲でどこでも大丈夫です。ただし、お札だけは神棚に祀ってください。

Q 御朱印帳を忘れたら？

A 書き置きの紙を頂きます

たいていの神社にはすでに御朱印を押してある書き置きがあります。そちらを頂き、あとで御朱印帳に貼りましょう。ノートやメモ帳には書いていただけません。

Q 御朱印を頂くと御利益がありますか？

A 神様が身近に感じられます

神様とのご縁ができたと思ってください。御朱印帳を通し、神様を身近に感じ、それが心の平穏につながれば、それは御利益といえるかもしれません。

Q 御朱印はいつでも頂けますか？すぐ書いていただけますか？

A 9:00〜16:00の授与時間が多いです

授与時間は9:00〜16:00の神社が多いです。本書では各神社に御朱印授与時間を確認し、データ欄に明記しているので、参照してください。また、どちらの神社もすぐに授与できるよう心がけてくださいますが、混雑する場合は時間がかかることも。時間がない場合は、御朱印を頂く前に神職に確認しましょう。

Q 御朱印帳は神社と寺院では別々にしたほうがいいですか？

A 一緒にしても構いません

特に分ける必要はありませんが、気になる人は分けても。御朱印には日付が入るので前回の参拝日、参拝の回数がすぐわかるため、気に入った神社専用の御朱印帳を作るのもいいでしょう。

Q 御朱印を頂くときに守りたいマナーはありますか？

A 静かに待ちましょう

飲食しながら、大声でおしゃべりしながらなどは慎んだほうがいいでしょう。

Q 御朱印を頂いたあと、神職に話しかけても大丈夫ですか？

A 行列ができていなければ大丈夫です

行列ができているときなどは避けましょう。しかし、待っている人がいないときなどには、御朱印や神社のことなど聞くと答えていただける神社もあります。

Q 御朱印ビギナーが気をつけたほうがいいことはありますか？

A 自分の御朱印帳かどうか確認を！

難しいことを考えずにまずは御朱印を頂いてください。ちょっと気をつけたいのは書いていただいたあと、戻ってきた御朱印帳をその場で必ず確認すること。他人の御朱印帳と間違えることがあるからです。後日ではすでに遅く、自分の御朱印帳が行方不明……ということもあるので気をつけましょう。

お作法講座

GOOD MANNERS

いざ！御朱印を頂きに

さまざまなお願いごとをかなえていただき、そして、御朱印を頂くためには、正しい参拝の方法、御朱印の頂き方をマスターしておきましょう。神様は一生懸命、祈願する人を応援してくれます。難しく考えずに、こちらに書いてある最低限のマナーさえおさえればOK！　それにきちんと参拝すると背筋が伸びて、気持ちもびしっとしますよ。ここでは身につけておきたいお作法を写真で解説します。

撮影地：武蔵一宮 氷川神社

1 鳥居をくぐる

POINT

神道のお辞儀は数種類あり、軽く頭をさげることを「揖（ゆう）」といいます。

鳥居は「神様の聖域」と「人間界」を分ける結界という役目を担っています。まずは、鳥居の前で一礼（揖）。これは神域に入る前のごあいさつです。鳥居がいくつもある場合には一の鳥居（最初の鳥居）で一礼を。真ん中より左にいれば左足から、右にいれば右足から進みます。帰りも「参拝させていただき、ありがとうございました」という気持ちで、振り返って一礼します。

2 参道を歩く

参道を歩いて社殿を目指しましょう。歩くときは神様の通り道である真ん中「正中」を避けましょう。神社によって右側か左側か歩く位置が決まっている場合があります。

3 手水舎で清める

古来、水は罪や穢れを洗い流し清めるとされてきました。ですから、参拝前に必ず手水舎へ行って、身を清めます。

〈柄杓がない場合〉

①まずは流水で両手を清めましょう。
②手で水を取り、口をすすぎ、両手をまた流水で清めます。

〈柄杓がある場合〉

①柄杓を右手で取り、まず左手を清め、次に柄杓を左手に持ち替えて右手を清めます。
②右手に柄杓を持ち、左手に水を受けて口をすすぎ、口をつけた左手をまた水で清めます。
③最後に柄杓を立て、残った水を柄杓の柄にかけて清め、もとに戻します。

POINT

新型コロナウイルスの影響で柄杓がない神社や柄杓が使えない神社が増えています！

※手水舎にお作法の案内板がある場合は、それに従って身を清めましょう。

4 お賽銭を入れる

参拝の前に、まずお賽銭を静かに投じましょう。金額に決まりはなく、「いくら払うか」よりも、「神様へ感謝の心を込めてお供えする」ことが大切です。

POINT

鈴があれば鈴を静かに鳴らします。鳴らすタイミングは、賽銭を投じてからという方が多いようです。

5 拝殿で拝礼

拝礼は二拝二拍手一拝と覚えましょう

幸せをありがとうございます

2回お辞儀をします。これを二拝といいます。お辞儀の角度は90度、お辞儀が済んだら二拍手。二拍手はパンパンと2回手をたたく動作です。感謝の気持ちを神様にささげ、祈願を伝えましょう。次にまたお辞儀。二拝二拍手一拝と覚えましょう。拝礼が済んだら静かに拝殿から離れます。

POINT

手をたたく際、一度揃えてから、右手を左手の第一関節くらいまでさげ、たたいたら戻します。

6 御朱印を頂く

POINT

御朱印を書いていただいている間は飲食や大声でのおしゃべりは慎み、静かに待ちましょう。受け渡しは両手で。

拝礼を済ませたら、いよいよ御朱印を頂きます。御朱印はお守りやお札などを授与している「授与所」や「社務所」、「御朱印受付」と表示してある場所で、「御朱印を頂けますか?」とひと言添えて頂きましょう。御朱印帳を出すときは、カバーを外したり、ひもでとじてあるものは開きやすいように緩めてから、挟んである紙などは外し、書いてほしいページを開いて渡します。御朱印代はほとんどの神社で500円。できればおつりのないよう、小銭を用意しておきます。御朱印帳を返していただいたら、必ず自分のものか確認しましょう。最近は番号札を渡されて、番号で呼ぶ神社も多いです。

無事、御朱印を頂きました!

神社の基本

開運さんぽに行く前におさえておくべき!

そもそも神社ってどういうところ?　祈願やお祓いって何?
そんな疑問に答えます。

神社の始まり

日本人は古代からあらゆる物に神が宿っていると考え、天変地異、人間の力ではどうにもならないような災害は神の戒めだと思っていました。ですから、自然のなかに神を見いだし、平穏無事を願いました。そのため、特に大きな山や岩、滝や木などに神の力を感じ、拝んでいた場所に社を建てたのが神社の始まりです。

神社とお寺の違いは?

大きな違いは、神社が祀っているのは日本古来の神様、お寺が祀っているのはインドから中国を経由して日本に伝わった仏様です。仏教が伝わったのは6世紀ですが、１００年ほどたつと神様と仏様は一緒であるという神仏習合《しんぶつしゅうごう》という考えが生まれます。しかし、明治時代になると、神様と仏様を分ける神仏分離令《しんぶつぶんりれい》が出されました。一般的に神社は開運などの御利益をお願いに行くところ。お寺は救いを求めたり、心を静めに行くところといわれています。

神社で祀られている神様って？

日本人は「日本という国は神が造り、神が治めてきた」と思ってきました。そこで神社では日本を造り治めた神々、風や雨、岩や木に宿る神々を祀っています。さらに菅原道真公や織田信長公など歴史上に大きな功績を残した人物も神としてあがめてきました。それは一生懸命生きた人物に対するリスペクトからです。

神主さんってどういう人？

神社で働く人のこと。神社内の代表者を宮司《ぐうじ》といいます。位階は宮司、権宮司《ごんぐうじ》、禰宜《ねぎ》、権禰宜《ごんねぎ》、出仕《しゅっし》の順となっています。宮司から出仕まで神に奉職する人を神職と呼び、神職を補佐するのが巫女《みこ》です。神職になるには神道系の大学で所定の課程を修了するか、神社庁の養成講習会に参加するなどが必要ですが、巫女になるには特に資格は必要ありません。

神社という場所とは

神社は神様のパワーが満ちている場所です。一般的には、神社に参拝するのは神様に感謝し、神様からパワーをもらうため。そのためには自分の望みは何か、意思を神様に伝え、祈願することが大事です。感謝の気持ちを忘れず、一生懸命お願いし、行動している人に神様は力を与えてくれるからです。また災難を除けるお祓いを受ける場所でもあります。

「お祓い」を受ける理由

穢れを落とすためです。「穢れ」は洋服などの汚れと同じと考えればいいでしょう。生きるためには食事をしますが、食事は動植物の命を奪い、頂くことです。いくら必要とはいえ、他者の命を奪うことはひとつの穢れです。穢れは災難を呼びます。その穢れを浄化するのがお祓いです。ときにはお祓いを受けて、生き方をリセットすることも必要です。

神社めぐりを
もっとディープに楽しむために

知っておきたい『古事記』と神様

日本を造った神様の興味深いエピソードが書かれているのが『古事記』です。『古事記』を読むと、神社に祀られている神様のことが深く理解できます。難しそうですが、ポイントをおさえれば神社めぐりがより楽しくなること間違いなし！

『古事記』でわかる神様の履歴

『古事記』には神々がどのように誕生し、どんな力をもっているのかなど、さまざまなエピソードが紹介されています。つまり神様のプロフィールが記されているというわけです。神社の多くが『古事記』で登場する神々を御祭神として祀っています。ですから、『古事記』を読むとその神社の御祭神のことが、より深く理解できるようになるのです。

『古事記』は日本最古の歴史書

『古事記』という書名は、「古いことを記した書物」という意味。全3巻からなる日本最古の歴史書で、日本誕生に関する神話、神武天皇から推古天皇までの歴代天皇一代記などが記されています。皇室や豪族の間で語り継がれてきた話を太安万侶《おおのやすまろ》が文字に著し編纂、712（和銅5）年、元明天皇に献上しました。

御祭神を理解してから神社に参拝

神社の御利益は御祭神のプロフィールに大きく関係しています。例えば大《オオ》国主命《クニヌシノミコト》。試練を乗り越えて恋人と結ばれたと『古事記』に書かれていることから、縁結びに強く、オオクニヌシを祀る島根県の出雲大社は日本一の良縁パワースポットといわれています。ですから、神社でお願いごとをするときには、御祭神について知っておくと、その神社はどんな御利益があるかがわかるようになるのです。

『古事記』に登場する神様のなかでも まずは5大神様は知っておこう

国生みの神様、太陽神、縁結びの神様。
大勢いる神様のなかでも絶対、
知っておきたい最重要5大神様を紹介します。

神様PROFILE

1 日本を造った国生みの神
イザナギノミコト【伊邪那岐命】

神生み、国生みの男神。イザナミを妻とし、淡路島など数々の島を生み、日本列島を造りました。アマテラスやスサノオをはじめ、多くの神々の父親でもあります。妻が亡くなると黄泉《よみ》の国(死者の国)まで会いに行くという愛情の持ち主で、夫婦円満、子孫繁栄、長命、さらに厄除けにもパワーがあります。

御祭神の神社 ➡ 三峯神社(P.42)、今戸神社(P.82)など

2 多くの神々を生んだ女神
イザナミノミコト【伊邪那美命】

イザナギの妻として神や日本を生んだ女神。イザナギとともに日本最初の夫婦神です。火の神を出産したことによる火傷で亡くなり、黄泉の国へ旅立ちます。そこで黄泉津大神《ヨモツオオカミ》として黄泉の国を支配する女王となります。神や国、万物を生み出す強い生命力の持ち主なので、参拝者の心や体にエネルギーを与えてくれます。

御祭神の神社 ➡ 筑波山神社(P.54)、御岩神社(P.60)など

3 天上界を治め、太陽を司る最高神
アマテラスオオミカミ【天照大神】

イザナギ·イザナミから生まれた女神。天上界である高天原を治める太陽神で八百万の神々の最高位に位置し、皇室の祖神とされています。全国の神明神社はアマテラスが御祭神で、その総本宮が伊勢神宮内宮です。自分自身の内面を磨きたいとき、未来を開きたいときなどに力を貸してくれます。

御祭神の神社 ➡ 芝大神宮(P.83)、蛇窪神社(P.97)など

4 乱暴者でも正義感が強い神
スサノオノミコト【須佐之男命】

アマテラスの弟。イザナギ·イザナミから誕生。父からは海を治めるように命じられますが、母のいる国に行きたいと反抗したため、追放されて放浪の身に。出雲に降り、ヤマタノオロチを退治して美しい妻を得ます。乱暴者ですが、正義感が強く、厄除け、縁結び、開運など多くの願いごとに応えてくれます。

御祭神の神社 ➡ 八雲神社(P.40)、武蔵一宮 氷川神社(P.71)など

5 優しくて恋多き、モテモテの神
オオクニヌシノミコト【大国主命】

スサノオの子孫です。ワニに毛をむしられた白ウサギを助けた神話『因幡の白ウサギ』で有名です。スサノオが与えた試練に耐え、人間界を治め、出雲の国造りを行いました。『古事記』によれば多くの女神と結ばれ「百八十」の神をもうけたとあり、良縁や子孫繁栄に御利益があるといわれています。

御祭神の神社 ➡ 田無神社(P.66)、大前神社·大前恵比寿神社(P.101)など

相関図

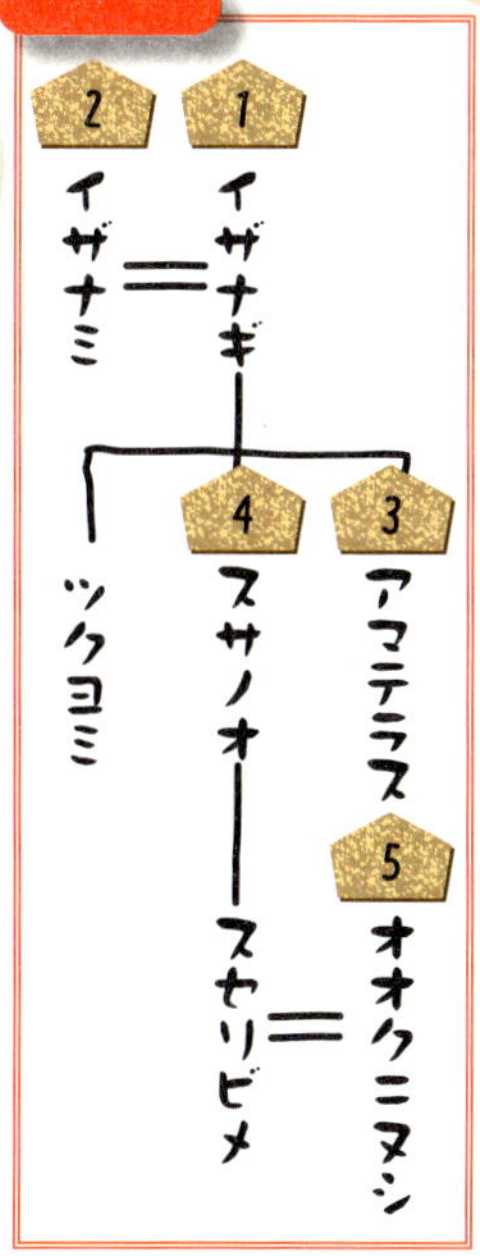

5大神様が主役。3つの神話

日本の神話で特に知っておきたい、3つの神話を『古事記』のなかからダイジェストでご紹介！

その1

日本列島とアマテラスの誕生

「国を完成させよ」と天上から命じられたイザナギとイザナミ夫婦は矛で海をかき回し、日本で最初にできた島・オノゴロ島を造ります。島に降り立ち、夫婦は島や多くの神々を生んでいき、日本列島が完成しました。ところが、イザナミは火の神を出産したときに亡くなり、黄泉の国（死者の国）へ行ってしまいます。妻を忘れられないイザナギは、妻を連れ戻しに黄泉の国に行ったものの、イザナミは屍と化した醜い姿になっていて、ビックリ！驚いて逃げる夫をイザナミは追いかけます。

　壮絶な夫婦バトルの末、夫・イザナギは無事、黄泉の国から生還。イザナギは穢《けが》れを払うため、禊を行います。この禊によって日本の神話で重要な神、アマテラスやスサノオ、ツクヨミが生まれたのでした。

Point!

多くの神様と日本列島を生んだことから、イザナギとイザナミの夫婦神は力強い生命力を与えてくれ、子孫繁栄や夫婦円満、厄除けの神様とされています。松島神社などに祀られています。

その2

最高神アマテラスと凶暴な神スサノオ

凶暴な性格で、父に反抗して追放されたスサノオは姉のアマテラスに会いに、神々が住む天上界を訪ねます。天上界の最高神・アマテラスは「弟が攻めて来たのか」と疑いますが、スサノオは邪心がないことを証明。そこで姉は弟に滞在を許します。しかし、スサノオの変わらない行儀の悪さに、怒ったアマテラスは天岩戸《あまのいわと》に籠ってしまい、天上界に光がなくなってしまいました。困った神々はアマテラスを岩屋の外に出して、光を取り戻そうと連日会議。「岩屋の扉の前で大騒ぎすれば、アマテラスは様子をうかがうために外に出てくるのでは？」と考え、岩屋の外で神々の歌や踊りが始まりました。アマテラスが外をうかがおうと扉を少し開けた瞬間、力の神・天手力男神《アメノタジカラオ》が扉を開き、アマテラスを引き出し世界に光が戻りました。この事件の原因でもあるスサノオは天上界からも追放されてしまいます。

　その後、出雲の国に降り立ったスサノオは美しいクシナダヒメに出会います。ヒメは泣きながら、8つの頭と尾をもつ大蛇ヤマタノオロチに襲われていると訴えるのです。スサノオはオロチを退治。出雲に宮殿を建て、クシナダヒメを妻に迎え、仲よく暮らしました。

Point!

神々を治める絶対神・アマテラス。伊勢神宮をはじめ全国の神社に祀られ、人々の内面を磨いて成長させる御利益があります。スサノオは凶暴ながら愛する者のために闘うという一途さがあり、厄除け、縁結びのパワーがあります。

その3

国造りと国譲り

オオクニヌシには八十神といわれる大勢の兄弟神がいて、いつもいじめられていました。兄弟神たちは因幡の国に住む美しい神・ヤガミヒメに求婚するため旅に出ます。オオクニヌシは彼らの荷物持ちとして同行。道中、毛皮を剥がされ八十神にいじめられた白ウサギを助けると、そのウサギは「ヒメはあなたを選ぶでしょう」と予言。そのとおりに結ばれます。怒った兄弟たちは、オオクニヌシを殺してしまいました。

しかし、オオクニヌシは母の力で麗しい男としてよみがえります。母が言うには「兄弟たちに滅ぼされる前に根の国に逃げなさい」

逃亡先の根の国は死者の国のような場所で、出雲から移ったスサノオが住んでいました。そこでスサノオからさまざまな試練が課せられますが、スサノオの娘スセリビメにオオクニヌシは救われます。ふたりは苦難を乗り越えて結婚。根の国を出て、出雲の国を造りました。

さて、天上界ではアマテラスが地上界を平定しようとしていました。アマテラスは交渉役としてタケミカヅチを出雲に送り込みます。彼はオオクニヌシの息子と力比べをして、勝利。そこでオオクニヌシは国を譲ることになりました。その交換条件として出雲に壮大な社殿＝出雲大社が建てられ、オオクニヌシは出雲の神として祀られたのでした。

Point!

出雲大社に祀られているオオクニヌシは国を譲るなど協調性のある神様です。また女神にモテる神で出会いや縁を大切にしました。そこで人と人とを円満に結びつける縁結びの御利益があります。

出雲で
ひとふんばり

以上、駆け足でお送りしました!

この神様もおさえておきたい

神武天皇

**アマテラスの末裔が東征
国を治め初代天皇となる**

地上に降りたニニギノミコトはコノハナサクヤヒメと結婚。ふたりの曽孫であるカムヤマトイワレビコは地上界を統治するのに最適な場所を探すため、日向（今の宮崎県）を出て東に向かいます。熊野からは八咫烏《ヤタガラス》の案内で大和に入りました。反乱を鎮め、奈良の橿原の宮で即位。初代・神武天皇となったのです。

ニニギノミコト

**地上を支配すべく
天上界から降臨**

地上界の支配権を得たアマテラスは、天上から地上に統治者を送ることにしました。選ばれたのが、孫であるニニギノミコトです。彼は天岩戸事件で活躍した神々を引きつれて、高千穂嶺に降臨。この天孫降臨により、天上界と地上界が結びつき、アマテラスの末裔である天皇家が日本を治めていくことになりました。

column

これを知っていれば、神社ツウ

境内と本殿様式

知ってるようで知らない境内のあれこれ。そして神様を祀る本殿の建築様式を知ると参拝がもっと楽しくなります！

参拝のための拝殿に本殿、摂社《せっしゃ》など盛りだくさん！

鳥居から本殿に向かって延びる道は参道です。参拝前に手や口を水で清めるところを手水舎《ちょうずや》＊といいます。御祭神をお祀りするのが本殿、その前にあるのが拝殿で参拝者は拝殿で手を合わせます。境内にある小さな祠《ほこら》は摂社、末社《まっしゃ》といいます。摂社は御祭神と関係が深い神様、末社にはそれ以外の神様が祀られています。本殿前にある狛犬は、神様を守護する想像上の動物。正式には向かって右が獅子、左が狛犬です。本殿は建築様式によってさまざまなタイプがあります。いちばん大きな違いは屋根。おもな建築様式を下で紹介します。

神社の境内にある建物たち！

＊「てみずしゃ」と読む場合もあり

本殿の建築様式。見分け方のポイントは屋根！

権現造《ごんげんづくり》

日光東照宮に代表される様式。拝殿と本殿の間に「石の間」と呼ばれる建物を設けています。屋根には神社ではあまり用いられない瓦葺《かわらぶき》も見られます。

神明造《しんめいづくり》

古代から伝わる高床式のスタイルで伊勢神宮が代表例。屋根には神社特有の千木、鰹木をのせています。檜皮葺《ひわだぶき》、茅葺《かやぶき》、板葺《いたぶき》がほとんどで勾配が急。

流造《ながれづくり》

神社建築で最も多いタイプ。側面から見ると正面にあたる屋根が長く前に延びているのがわかります。長く延びた部分を「庇《ひさし》」または「向拝《こうはい》」と呼びます。

第二章

話題の神社をめぐる開運さんぽへ

週末御朱印トリップ

ウィークエンドは御朱印＆御利益をたっぷり頂きに小さな旅へ出発！
楽しさいっぱいの関東近郊・神社めぐり旅をご紹介

…鎌倉…

★鎌倉宮　★葛原岡神社
★荏柄天神社　★佐助稲荷神社
★鶴岡八幡宮　★御霊神社
★八雲神社　★小動神社

→ P.38

…箱根…

★九頭龍神社本宮
★箱根神社
★箱根元宮

→ P.46

…秩父…

★三峯神社　★秩父神社
★聖神社　★寶登山神社

→ P.42

…東国三社…

★鹿島神宮
★香取神宮
★息栖神社

→ P.48

…日光…

★日光二荒山神社
★日光東照宮

→ P.56

…ガッツリ＆プチ登山…

★大山阿夫利神社
★筑波山神社　★鳩森八幡神社

→ P.52

御朱印も御利益も盛りだくさん。古都鎌倉で週末パワスポめぐり

鎌倉MAP

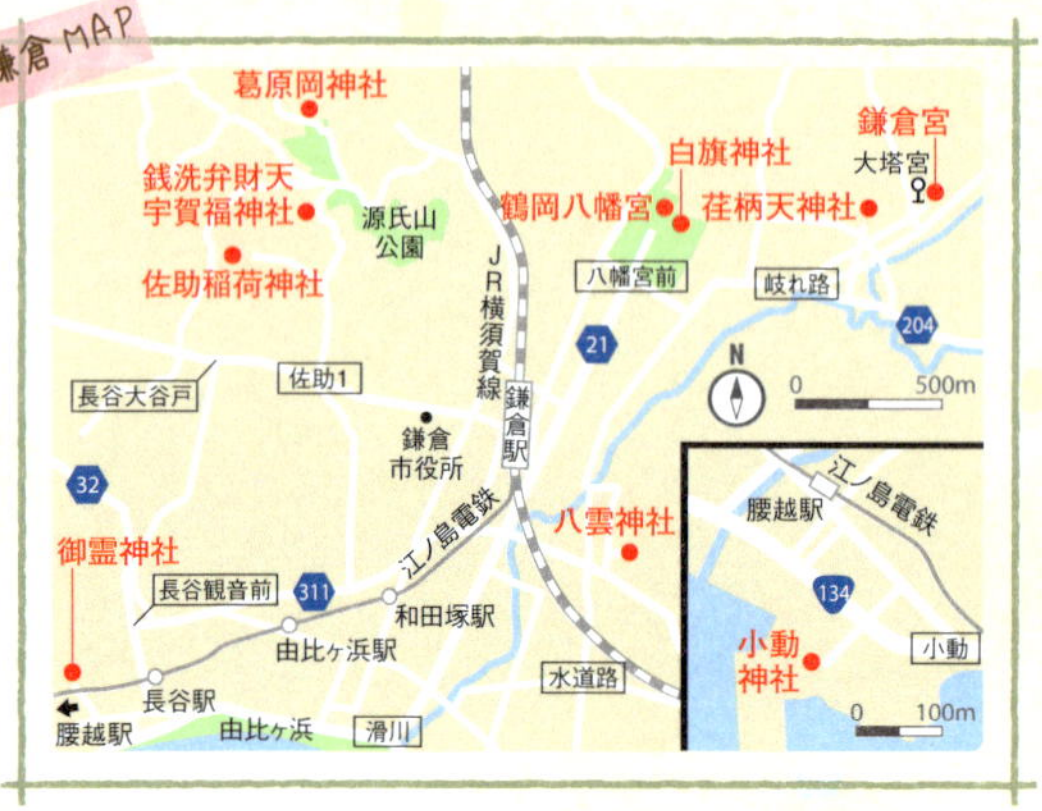

待ちに待った週末はおでかけしてリフレッシュ！ 1日をめいっぱい使って、パワーと御朱印をたっぷり頂きたい。それに縁結びに開運、仕事運や金運アップも期待したい。そんな願いをかなえるのが鎌倉です。古都の町をおさんぽしながら、由緒ある神社とパワースポットをたくさん訪ねる最強ルートをご紹介します。

伝統の獅子頭守《ししがしらまもり》で旅の安全を祈願

主祭神
大塔宮護良親王《オオトウノミヤモリナガシンノウ》

鎌倉宮《かまくらぐう》

まずは鎌倉駅からバスで大塔宮《だいとうのみや》停留所へ。徒歩すぐの鎌倉宮で御朱印めぐりの無事を願いましょう。御祭神は鎌倉幕府討幕後に足利尊氏と争った皇子ですが、戦場での無事を祈り、兜の中に木彫りの獅子頭を入れていました。これを模したのが獅子頭守です。護良親王が幽閉されたという本殿裏手の土牢を経てさらに進むと、神気あふれるクスノキの神苑が広がります。

↑1869（明治2）年明治天皇が創建。本殿に祀られている護良親王は後醍醐天皇の皇子。権勢を独占しようとした足利尊氏と闘い、非業の死を遂げました。本殿の裏手には樹齢100年のクスノキがあります

御朱印

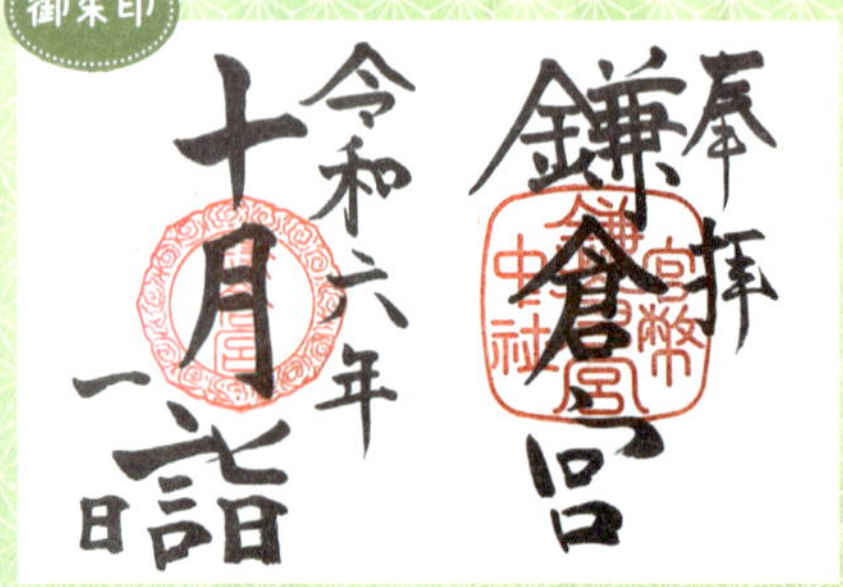

墨書／奉拝、鎌倉宮、十月詣　印／官幣中社鎌倉宮、鎌倉宮
●鎌倉宮の基本御朱印は見開きタイプで600円。毎月「○月詣」の部分が変わります

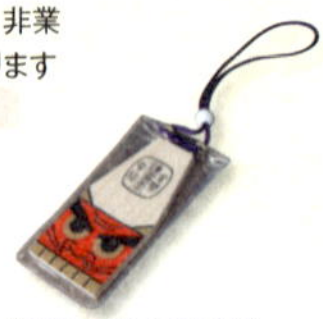

板獅子頭（1000円）は厄を食べてくれて、幸せを招くお守り。獅子頭のお守りはさまざまなサイズがある

「身代りさま絵馬」に願いごとを書き、「身代りさま」の像に奉納。像をなでると具合の悪いところを治すパワーが頂けるそう

DATA
鎌倉宮
創建／1869（明治2）年
本殿様式／神明造
住所／神奈川県鎌倉市二階堂154
交通／JR「鎌倉駅」からバス15分
参拝時間／9:00～16:30
御朱印授与時間／9:00～16:30
拝観料／境内自由（宝物殿・土牢 大人300円、小学生150円）
URL https://www.kamakuraguu.jp/

↑「身代りさま」は親王の身代わりになって討ち死にした村上義光公の木像。つらい事の身代わりになってくれるそう

モデルプラン 日帰り

9:00 鎌倉駅東口（バス停）→ バス 15分 → 9:08 大塔宮（バス停）→ 徒歩 1分 → 9:09 鎌倉宮 → 徒歩 5分 → 10:10 荏柄天神社 → 徒歩 10分 → 10:50 鶴岡八幡宮・白旗神社 → 徒歩 18分 → 八雲神社

40ページへ続く！

資格、仕事、学業 挑戦者のサポーター

主祭神
菅原道真公《スガワラノミチザネコウ》

荏《え》柄《がら》天《てん》神《じん》社《しゃ》

鎌倉宮からのんびりさんぽすること約5分、荏柄天神社に到着。真っすぐに延びる参道の正面には鮮やかな朱色の社殿があり、心がぱっと明るくなりました。右手を見れば樹齢約900年のイチョウの大木が緑の葉を茂らせています。御祭神である菅原道真公は平安時代の貴族。天才と称えられた学者だったため、死後、合格祈願に応えてくれる学問の神様となったのです。受験生はもちろん、あらゆることに挑戦するチャレンジャーの味方でもあります。

↑源頼朝公は鎌倉幕府を開くにあたり、この地にもともとあった祠を、社殿の形に整備しました。本殿は1624（寛永元）年、鶴岡八幡宮若宮の旧本殿を移築したと伝わります。拝殿の扉や賽銭箱などには社紋の梅がちりばめられています

←「絵筆塚」は鎌倉在住の漫画家が中心になり建立。高さ約3m、直径約1mの筆型。毎年10月中旬には「絵筆塚祭」を開催

学業成就、合格の「梅守」（600円）。紅梅・白梅がアクセント

DATA
荏柄天神社
創建／1104（長治元）年
本殿様式／三間社流造
住所／神奈川県鎌倉市二階堂74
交通／JR「鎌倉駅」から徒歩18分
参拝時間／8:30～16:30
御朱印授与時間／9:00～16:00
URL http://www.tenjinsha.com

↑源頼義が京都・石清水八幡宮を勧請したのが最初。頼朝が鎌倉の町づくりの中心としました。本殿は11代将軍・徳川家斉の造営で国の重要文化財

源氏の守護神 ギフトは「必勝」

主祭神
応神天皇《オウジンテンノウ》
比売神《ヒメガミ》
神功皇后《ジングウコウゴウ》

鶴岡《つるがおか》八《はち》幡《まん》宮《ぐう》

荏柄天神社から歩き、東側から境内に入ります。あたりは樹木に囲まれ、静けさに満ちたエリア。武門の神を祀るにふさわしい凛とした空気に包まれます。石段を上がり、拝殿前で振り向けば市内と海が一望。源氏を勝利に導いた御祭神から仕事の成功と勝運を授けていただけるようお祈りしました。

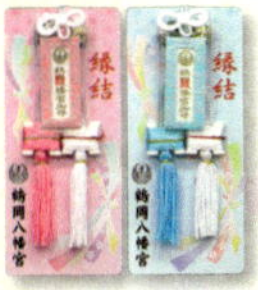

縁結び守（1000円）は静御前の義経への愛にちなんだお守り

御朱印

墨書／奉拝、鶴岡八幡宮　印／鶴岡八幡宮　●鶴岡八幡宮の御朱印のほか、境内社・旗上弁財天社の御朱印も頂けます

御朱印帳はこちら！ そのほかの御朱印帳はP.22で紹介！

太鼓橋、舞殿、その奥に楼門が見える境内の景観が表紙（1700円）

↑境内東側に鎮座する白旗神社は源頼朝公、実朝公親子を祀ります。学業成就、必勝祈願はこちらで

DATA
鶴岡八幡宮
創建／1063（康平6）年
本殿様式／流権現造
住所／神奈川県鎌倉市雪ノ下2-1-31
交通／JR「鎌倉駅」から徒歩10分
参拝時間／6:00～20:00
御朱印授与時間／8:30～17:00
URL https://www.hachimangu.or.jp/

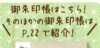

鎌倉最古の厄除け神社！

八《や》雲《くも》神《じん》社《じゃ》

主祭神
須佐ノ男命《スサノオノミコト》
稲田姫命《イナダヒメノミコト》
八王子命《ハチオウジノミコト》
佐竹氏御霊《サタケシゴリョウ》

←源義家の弟、義光が建立。周辺の住民は「祇園様」として信仰しています。境内には1670（寛文10）年の銘が入った市指定文化財の庚申塔もあります

住宅街を行くと、入口に「厄除け」と書かれた赤い旗が並んでいるのですぐわかります。境内は樹木が茂り、古びた社が正面に静かにたたずんでいます。由緒を読むと平安時代、悪疫退散を祈願して京都の祇園社を勧請したとか。創建から900年以上という、厄除けパワーにあふれた神様です。ここまで歩く観光客は少なく、ゆったりと参拝できました。

御朱印

墨書／奉拝、八雲神社　印／新羅三郎義光勧請相州鎌倉大町鎮座、八雲神社鎌倉、八雲神社社務所之印　●新羅三郎義光とは源義光のことです

DATA
八雲神社
創建／1083（永保3）年頃
本殿様式／流権現造
住所／神奈川県鎌倉市大町1-11-22
交通／JR「鎌倉駅」から徒歩10分
参拝時間／自由
御朱印授与時間／9:00〜16:00

恋したい！かなえたい！
縁結び石に良縁祈願

葛《くず》原《はら》岡《おか》神《じん》社《じゃ》

主祭神
日野俊基卿《ヒノトシモトキョウ》

神社までは急勾配の上り坂が続くけど、めげちゃダメ！　縁結び、良縁ゲットなら、絶対はずせない神社なのです。鳥居をくぐると、いきなり赤い糸が巻き付いた縁結び石が出現。「早く、お願いしたい！」の気持ちをぐっと抑えて本殿に参拝。右手の昇運の神龍には開運を祈願。縁結び石に近づくと周辺に熱気を感じるよう。エナジー全開のストーンでした。

↑社殿は桜の名所・源氏山の頂上付近に立つ。周囲は野鳥の声が聞こえる緑の森で空気もさわやか、散策が楽しい！

恋愛成就を願ったら、恋みくじ（200円）を引いてみて！

御朱印

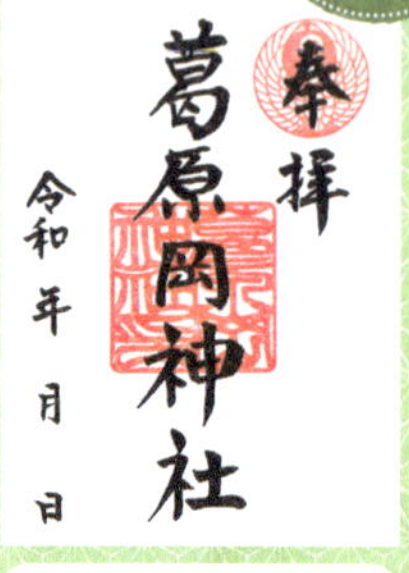

墨書／奉拝、葛原岡神社　印／日野俊基の家紋、葛原岡神社印　●期間・数量限定で切り絵御朱印も頂けます

↑社務所で縁結びのお守り（1000円〜）を授かると赤い糸付きの5円玉が頂けるので、良縁を願って縁結び石に結びます。社務所にはハート型の絵馬も

DATA
葛原岡神社
創建／1887（明治20）年
住所／神奈川県鎌倉市梶原5-9-1
交通／JR「鎌倉駅」から徒歩30分
参拝時間／8:30〜16:30
御朱印授与時間／8:30〜16:30
URL http://www.kuzuharaoka.jp/

金運祈願も忘れずに！

神社の詳細や御朱印はP.98で紹介！

銭《ぜに》洗《あらい》弁《べん》財《ざい》天《てん》
宇《う》賀《が》福《ふく》神《じん》社《じゃ》

主祭神
市杵島姫命《イチキシマヒメノミコト》

奥宮の洞窟に湧く霊水「銭洗水」は鎌倉五名水のひとつ。用意してあるザルにお金を入れて軽く洗うと金運アップの御利益あり！

モデルプラン
日帰り

11:50 八雲神社
← 徒歩10分
12:30 鎌倉駅（昼食）
← 徒歩30分
14:00 葛原岡神社
← 徒歩6分
14:35 銭洗弁財天宇賀福神社
← 徒歩8分
15:10 佐助稲荷
← 徒歩25分

開運力をつける！
プレミアムな神域

主祭神
宇迦御魂命《ウカノミタマノミコト》

佐《さ》助《すけ》稲《い》荷《なり》神《じん》社《じ》

　真っ赤な鳥居が並ぶ参道の先にある拝殿、本殿は樹木に覆われ、まるで山の奥深くにいるかのようです。参拝すると一瞬、ひんやりとした空気が流れました。苔むした祠にお狐様の石像が並び、霊狐泉《れいこせん》という水が湧く境内は畏れ多い神域という雰囲気。運命を切り開く強いパワーを頂いたと実感です。

↑源頼朝の夢枕に立ち、平家打倒の挙兵を促した神霊を祀ります。拝殿の奥に本殿があります

御朱印

墨書／奉拝、佐助稲荷神社　印／白狐の印、佐助稲荷神社之印、鎌倉佐助稲荷神社印　●境内にところ狭しと祀られている白狐の印がかわいい

陶器のキツネの像（1500～3000円）を購入して奉納します

DATA
佐助稲荷神社
創建／1190～1199（建久年間）年
本殿様式／流造
住所／神奈川県鎌倉市佐助2-22-12
交通／JR「鎌倉駅」から徒歩25分
参拝時間／自由
御朱印授与時間／9:00～16:00

困難に打ち勝ち
初志貫徹の力をくれる

主祭神
鎌倉権五郎影政《カマクラゴンゴロウカゲマサ》

御《ご》霊《りょう》神《じん》社《じゃ》

←人力車に乗って浴衣姿の参拝も

　境内のすぐ前を江ノ電が走っていきます。線路を渡った正面が社殿です。御祭神は合戦で目に重症を負いながら、敵を倒した武将。そこで何があっても初志を貫く力を授けてくれます。神社の方は「勇猛なだけではなく、人の痛みもわかってくれる神様ですよ」と、教えてくれました。

御朱

墨書／奉拝、御霊神社　印／相模国鎌倉鎮座祭神鎌倉権五郎景政、御霊神社と景政の家紋並矢の印、御霊神社記念参拝、鎌倉　●「名誉宮司（猫）の月替わり御朱印が人気です」と宮司

DATA
御霊神社
創建／平安時代後期
本殿様式／権現造
住所／神奈川県鎌倉市坂ノ下3-17
交通／江ノ島電鉄「長谷駅」から徒歩5分
参拝時間／自由
御朱印授与時間／9:00～16:30

地元では「権五郎神社」と呼ばれ親しまれています。9月18日の例大祭では面をかぶった男女が練り歩く面掛行列が行われています

ちょっと足を延ばして行ってみよう

江ノ島と湘南の海が間近な小動神社。この景色に感動した源氏・佐々木盛綱がこの地に建立したと伝わります

潮風に吹かれて
心願成就を祈願

小《こ》動《ゆるぎ》神《じん》社《じゃ》

主祭神　須佐之男命《スサノオノミコト》　建御名方神《タケミナカタノカミ》　日本武尊《ヤマトタケルノミコト》

　フィナーレは海の見える神社へ。御祭神は武運の神様ばかり。そこで仕事も恋も、あらゆる勝負に勝つ強いパワーをくださいとお願い。見晴台からの景色に、すっかりリフレッシュ。御朱印もたくさん頂いて、大満足のワンデイトリップでした。

DATA
小動神社
創建／1185（文治元）年頃
本殿様式／流権現造
住所／神奈川県鎌倉市腰越2-9-12
交通／江ノ島電鉄「腰越駅」から徒歩6分
参拝時間／自由　御朱印授与時間／9:00～16:00

墨書／奉拝、小動神社　印／小動神社　●神社名に篆書体の印というシンプルながら、武運の御祭神にふさわしい力強い御朱印です

15:38 鎌倉駅 ←（江ノ電 5分）← 15:43 長谷駅 ←（徒歩 7分）← 15:50 御霊神社 ← 足を延ばして小動神社へも！

「関東一」とウワサのパワースポットで最強エネルギーをチャージ！

東京から電車で約1時間半で行ける埼玉県の秩父。今、関東一のパワースポットといわれる三峯神社をはじめ、秩父の神社にはオオカミを神のお使いとする、昔からの信仰が今も残ります。古代からずっとこの地を守り、発展を支え続けてきた神秘的な神社を参拝し、自然豊かな土地を歩けば、強大なエネルギーがチャージできます！

←標高約1100mに位置。ヤマトタケルノミコトが創祀とされ、平安時代には山伏の修験道場だった。拝殿は1800（寛政12）年の建立。2004年に塗り替えた極彩色の装飾が華麗

拝殿から左手に歩いて行くと「えんむすびの木」。木の下には祠があり、好きな人の名前を書いて小箱に収めます

願いがかないますように

↑拝殿前にある御神木は樹齢800年の重忠《しげただ》杉。手をかざしてパワーを頂いて！

霧の霊気で心身を浄化する

主祭神
伊弉諾尊《イザナギノミコト》
伊弉冊尊《イザナミノミコト》

三《みつ》峯《みね》神《じん》社《じゃ》

参道にかかった、霧の間から見えたのは、オオカミの像。神社の方に伺うと「かつて、オオカミは農作物を荒らす猪や鹿を退治する大切な動物でした。そこで秩父ではオオカミを、災難を除く霊力をもった神のお使いとしてあがめてきたのです」。また、三峰は霧がかかりやすいところ。神の使いのオオカミは霧の日には霊気として現れやすく、邪気や厄を祓い、活力をくれるのだそうです。頂いた御朱印にもオオカミの印が。「御朱印にも霊気があたっているので、大切にしてください」。霧のなかを歩き、呼吸しているとキレイな空気が体に満たされ、参拝後は心身ともに浄化されていくような気がしました。

全国でも珍しい境内の温泉

境内にある宿坊「興雲閣」の「神の湯」は5分浸かるだけでも肌がすべすべになるという温泉（宿泊客のみ利用可）

かわいい飴を発見！
宿坊の売店で販売されているオリジナルの飴（250円～）

モデルプラン 1日目

10:00 西武秩父駅 →（バス 1時間15分）→ 11:20 三峯神社（昼食は周辺で）→（バス 45分）→ 13:39 三峰口駅 → 14:24 和銅黒谷駅 →（徒歩 5分）→ 14:29 聖神社 →（徒歩 5分）→ 15:14 和銅黒谷駅 →（秩父鉄道 10分）→ 15:24 秩父駅 一泊

P.44へ！

※土曜・休日の時刻です。平日は異なります。

御朱印

墨書／登拝、三峯神社　印／三峯神社　●御朱印紙で授与。神のお使い「オオカミ」の絵柄。口は「阿吽（あうん）」になっています

←拝殿前の敷石は水をかけると龍が浮き出てきます。2012年の辰年に現れたもので縁起がよいとされ、スマホなどの待ち受けにする人が多い！

↑鳥居は珍しい形の三ツ鳥居。鳥居の両脇には、狛犬ではなく、神のお使いであるオオカミの像があり、境内の随所にも安置されています

霧は
ボクの歓迎
の印だよ！

↑「氣の御守」（1000円）は勇気や元気、やる気を与えてくれます。全4色

神の使いのオオカミを
自宅に貸し出し

←神の使いであるオオカミを祈祷によりお札に収め、「御眷属拝借《ごけんぞくはいしゃく》」（5000円）として一年間、自宅に貸し出して頂けます。お札には諸厄を祓う強力な神徳が！

DATA
三峯神社
創建／111（景行天皇41）年
本殿様式／春日造
住所／埼玉県秩父市三峰298-1
交通／西武秩父駅から急行バス「三峯神社行」75分、終点下車
参拝時間／自由
（社務所は9:00～17:00）
御朱印授与時間／9:00～17:00
URL https://www.mitsuminejinja.or.jp/

←銅が発見され、日本最古の流通通貨「和同開珎」ゆかりの場所に創建。「聖」は「何をお願いしてもかなえてくれる」という意味でもあります。社殿は江戸中期の建立

金運upは迷わず
銭神様におまかせを

聖《ひじり》神《じん》社《じゃ》

主祭神
金山彦命《カナヤマヒコノミコト》　国常立命《クニノトコタチノミコト》
大日孁貴命《オオヒルメノムチノミコト》　神日本磐余彦命《カムヤマトイワレヒコノミコト》
元明金命《ゲンメイカガネノミコト》

拝殿の右手には直径3mもの巨大な和同開珎のモニュメントがあります。神職によると「ロトや宝くじで億単位のお金が当たったとお礼の報告がいっぱい寄せられています」とのこと。金運の御利益が絶大なので銭神様と親しまれているそうです。境内には参拝者の喜びがあふれているようでした。

和同開珎絵馬（500円）

「招財進寶」（700円）は金色のカード型お守り

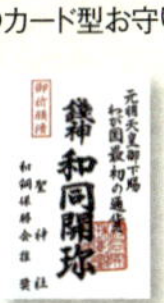

お財布に入れる「銭神和同開珎」（700円）お守り

御朱印

墨書／奉拝、聖神社　印／和銅献上の里、和同開珎、聖神社、聖宮之印　●書き置きのみ。授与所で頂けます

御朱印帳はこちら！

御朱印帳（1500円）は拝殿と、裏表紙には神のお使いのムカデが描かれて、金運が上がりそうな金色

お礼の報告がたくさん!!

↑境内には全国からのお礼の報告が。御利益を聞きつけ多い時には1日1000人もの参拝があったことも

DATA
聖神社
創建／708（和銅元）年
本殿様式／一間社流造
住所／埼玉県秩父市黒谷2191
交通／秩父鉄道「和銅黒谷駅」から徒歩5分
参拝時間／自由
御朱印授与時間／9:00～17:00

↑秩父盆地の中央に位置する総鎮守。車道に面して一の鳥居があり、鳥居の先には神門が立ちます。御神木は神門をくぐって右手の大銀杏。12月3日の秩父夜祭は例祭で笠鉾と屋台が曳きまわされます

運命を切り開く
知恵と力をチャージ

主祭神
八意思兼命《ヤゴコロオモイカネノミコト》　知知夫彦命《チチブヒコノミコト》
天之御中主神《アメノミナカヌシノカミ》　秩父宮雍仁親王《チチブノミヤヤスヒトシンノウ》

秩父神社《ちちぶじんじゃ》

社殿の彫刻は4面をCHECK!

梟《フクロウ》

「知恵梟守」(1000円)は人々に知恵を授けてくれるお守り

＼社殿の裏!／

←必見の「北辰の梟」。体は本殿に向け、頭は真北に向け、御祭神を守っています

猿

↑「お元気三猿」。日光の三猿とは反対に「よく見て、よく聞いて、よく話す」を表現しています

←本殿は1592(天正20)年に徳川家康が寄進したもの。江戸時代初期の建築様式をよく留め、埼玉県有形文化財に指定

龍

↑「つなぎの龍」。左甚五郎作とされ、神社の表鬼門を守護する龍

お元気三猿の絵馬は長寿の御利益が(1800円)

DATA
秩父神社
創建／紀元前87(崇仁天皇11)年
本殿様式／権現造
住所／埼玉県秩父市番場町1-3
交通／秩父鉄道「秩父駅」から徒歩3分
参拝時間／6:00〜20:00
御朱印授与時間／8:30〜17:00
URL https://www.chichibu-jinja.or.jp/

虎

↑「子宝・子育ての虎」。左甚五郎作とされます。家康が寅年・寅の日・寅の刻生まれに因んで彫られたもの

授与所で御朱印を頂くと神職が「御祭神は知恵の神様と秩父開拓の神様。ですから、心配ごとの解決策を示し、困難を切り拓く力を授けてくれます」。参拝者の表情を見て、悩みがある人がわかった時には声をかけていらっしゃるのだとか。すると「参拝して、少し不安がとれました」という答えがかえってくるそうです。「神社は神様との出会いの場。絵馬に願をかけ、御神木に触れて、御朱印を頂けば神様のお力を頂戴でき、悩みや疲れた心身を癒やしていただけるはずです」。

御朱印

墨書／秩父神社　印／知知夫国総鎮守、秩父宮家ゆかりの社、秩父神社、秩父神社　●「ていねいに書いています」と神職

＼御朱印帳はこちら!／

御朱印帳(1500円)は夜祭の花火と山車の表紙。紙は県内の和紙の産地・小川町の手漉き和紙を使用

水占い

出ました! 「大吉」! おみくじの持ち帰り用ビニール袋が用意されています

何が出るかな? ドキドキ……。社務所で頂いたおみくじを水に浮かべると

やってみました!!

よく当たると評判
ちょっと珍しい「水占い」(200円)はおみくじを引き、神門の近くの禊川《みそぎがわ》に浮かべます。禊川は境内に湧く清らかな小川でパワスポでもあり、この川で占うおみくじはよく当たると言われています。

モデルプラン 2日目
9:00 秩父神社 ←徒歩3分← 9:58 秩父駅 ←秩父鉄道15分← 10:13 長瀞駅 ←徒歩15分← 10:28 寶登山神社 ←徒歩15分← 12:00 長瀞駅

※土曜・休日の時刻です。平日は異なります。

パワーあふれる
清らかな森で心を洗う

寶登山神社《ほどさんじんじゃ》

主祭神
神日本磐余彦尊《カンヤマトイワレヒコノミコト》
大山祇神《オオヤマヅミノカミ》
火産霊神《ホムスビノカミ》

大きな白い鳥居の向こうには、重厚な本殿。さらに奥宮に参拝するため、山頂行きのロープウエイに乗ります。霧と樹々の緑に包まれた奥宮は神秘的！

下山し、本殿近くの神札所で、御朱印を頂きながら神職に伺いました。「自然のなかに神が宿ると考え、大切に守っています。清らかな環境で参拝すれば心に潤いや余裕が生まれ、活力につながりますよ」。

←本殿は幕末から明治初期にかけて再建されたもの。2010年、鎮座1900年を記念して本殿を改修、彫刻には彩色を施してあります

↑白亜の二の鳥居。この先は緑濃い神域。火災・盗難など諸難除けの守護神が鎮座します

↑ヤマトタケルノミコトが体を清めたといわれる「みそぎの泉」

DATA
寶登山神社
創建／110（景行天皇40）年
本殿様式／権現造
住所／埼玉県秩父郡長瀞町長瀞1828
交通／秩父鉄道「長瀞駅」から徒歩15分
参拝時間／自由
御朱印授与時間／［本宮］8:30～16:30（4～9月は～17:00）、［奥宮］9:00～15:00（非定刻で開閉所・神職不在の場合あり）
URL https://www.hodosan-jinja.or.jp/

↑奥宮。東征の途中、山火事に襲われたヤマトタケルノミコトをオオカミたちが救ったという伝説の地に立ちます。狛犬は三峯神社同様、神の使いとされるオオカミ

←「吉祥寶守」（1000円）は、「大切な心の豊かさ」＝「寶」が成長するように祈りが込められています

御朱印

＼奥宮の御朱印／

墨書／寶登山奥宮、登拝　印／秩父長瀞、寶登山は千古の霊場、寶登山奥宮、寶登山奥宮印　●日付の下に「登拝」の墨書があるのは山にある奥宮ならでは。御朱印は奥宮の境内にある授与所でいただけます

＼本殿の御朱印／

墨書／寶登山神社、登拝　印／秩父長瀞、青淵ゆかりの社、寶登山神社、寶登山神社々務所印　●どちらの御朱印も神使である勇ましいオオカミの姿が描かれています

御朱印帳はこちら！そのほかの御朱印帳はP.22で紹介！

御朱印帳（1800円）は水の流れと桜。裏表紙には社紋の桐が表されている

「縁起うちわ」（300円）は福を招くうちわ

月1回のチャンス目指して大行列！

九頭龍神社本宮の

箱根三社参りと月《つき》次《なみ》祭《さい》

九頭龍神社本宮月次祭とは

月に1度、神様に感謝を捧げ、ご加護をお願いする神事です。元箱根港から参拝船で芦ノ湖を渡り、九頭龍神社本宮に参拝ができるのは毎月13日の月次祭時だけです。

運気上昇と良縁成就のパワーをGET！

最近、元気が出ないと話していたら、友人が九頭龍神社本宮月次祭と箱根の三社参りに誘ってくれました。箱根三社とは箱根神社、九頭龍神社、箱根元宮を指し、女性を幸福にするパワーがあるのだとか。そのうえ月次祭は運気上昇と縁結びの御利益が期待できると大人気。元気回復のパワーをチャージしに箱根ツアーに出かけました！

混雑するので早めに到着

07:30 元箱根港の「遊覧船のりば」で受付開始

まず往復乗船券1500円を購入。参拝船が出るのは基本9:30のみ。人数によって増便もあり、9:20頃までに受付を済ませば、必ず乗船できます

DATA 箱根芦ノ湖遊覧船
☎0460-83-6351

乗船券を購入すると渡されるもの

絵馬の形をした乗船券と龍神様にお供えする御供(ごく)、そして「御祈祷申し込み封筒」を頂きます

祈祷申し込みをすると授与されるもの

「御祈祷申し込み封筒」に必要事項を記入した用紙と御祈祷料（2000円以上）を入れ、受付の神主さんに渡すと御祈祷神札および龍神水の引換券が授与されます

出港までは待合室や湖畔などで自由に過ごします

09:30 参拝船でいよいよ出発

乗船20分

09:50 芦ノ湖を渡り……神山桟橋に到着！

早朝の芦ノ湖は空気が澄み、爽快そのもの。船はみるみる九頭龍神社本宮の鳥居に近づき、桟橋に到着。ここからは森のなかを5分ほど歩けば本宮です

下船後は本殿近くのポジションを目指したいので直行を！

10:00 本殿前に参拝者がぎっしり月次祭開始！

御祈祷を申し込んだ人の名前や願いごとも読み上げられる

御祭神の九頭龍大神は芦ノ湖の守護神。月次祭は縁結びの御利益が高いと評判になり、境内は参列者でいっぱい。ほとんどが女性です。神職が祈りを捧げる祝詞の間は頭を下げ、心のなかで祈願します。静けさのなかに祈りの声が響き、厳粛な気持ちに。周囲の女性たちも、真剣に祈りを捧げているよう。その姿から本気度が伝わってきました（巫女舞の奉納は6月13日の例祭のみ）

10:55頃、神職と湖畔に向かいます

11:00 境内社の弁財天社月次祭に参列

本宮から神職に続いて湖畔に移動。月次祭で神職がお供えした米などを湖中に投げ入れ、湖の九頭龍大神に捧げます。この湖水神事を済ませると、弁財天社の月次祭が始まります

弁財天にお参り

弁財天は琵琶の上手な麗しい女神。縁結びはもちろん、開運や音楽上達などのパワーを授けてくれます

九《く》頭《ず》龍《りゅう》神《じん》社《じゃ》本《ほん》宮《ぐう》

御朱印は箱根神社で授与！

DATA ☎0460-83-7123（箱根神社）神奈川県足柄郡箱根町元箱根箱根（九頭龍の森内）月次祭以外は箱根登山バス「箱根園」から箱根九頭龍の森を抜け参拝。徒歩約40分

12:00 白龍神社に参拝後、参拝船で元箱根港に

帰りの船は11:20と12:10です
それまで境内をゆっくり散策

帰りの参拝船が出港するまでに桟橋の近くにある白龍神社などにお参り。こちらも女性にチカラを授けてくださいます。混雑した本宮を避け、お守りは箱根神社でも授与しているので後で入手

11:20 湖の九頭龍大神にお供えを捧げる

神職による神事終了後、参列者は各自で湖畔へ戻ります。乗船時に頂いた「御供」を願いを込めて湖に投げ入れます

御供は穀物。手のひらに受け、半円形に広がるように一回で投入

船で湖を渡るとき、鳥居に一礼

九頭龍神社本宮授与品(月次祭時のみ)

おみくじを引いたら、なんと大吉。縁起がよい!(100円)

「九頭龍えんむすび御守」お守りは御祭神が描かれた絵馬型(1000円)

御祈祷の撤下《てっか》品《ひん》はこちらで頂きます

13:40 ランチを済ませ、箱根神社へ

御朱印もここで頂こう!

奈良時代創建の関東総鎮守。老杉が並木となって続く参道や緑豊かな境内は清涼な空気に満ちたパワースポットです。良縁だけでなく仕事運の御利益も期待できます

箱根神社《はこねじんじゃ》 詳しくはP.127へ

御祈祷申し込みをすると頂けるもの

箱根山を水源とする霊水「龍神水」は龍神の力が宿る。販売はしていません

お札。神棚もしくは、目より高い位置にお祀りすること(6月例祭時のみ頒布)

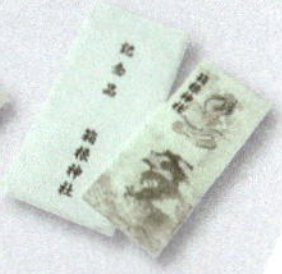

表紙に昇天する龍神が描かれた一筆箋(6月例祭時のみ頒布)

本殿に参拝したら、すぐ隣

14:10 恵比寿社参拝

境内にある箱根七福神のひとつ「恵比寿社」もマストです。商売繁盛だけでなく、財運アップのパワーもいただけるそうです

バスで約15分の箱根園からロープウエイで駒ヶ岳山頂へ。山頂から徒歩10分

箱根元宮は山頂にある!

15:10 天のパワーが降り注ぐ箱根元宮

御朱印授与時間／神職のお勤め日：土日祝および毎月1･13･15･24日の祭典日の9:45～15:00　※それ以外は箱根神社で授与

標高1357mの駒ヶ岳頂上に立つ箱根神社の奥宮。鳥居脇にある石は神が降臨したと伝わる馬降石です。社殿近くからは富士山も見え、青空のもと開放的な気分になりました

箱根元宮《はこねもとつみや》

DATA ☎0460-83-7123(箱根神社) 神奈川県足柄下郡元箱根駒ヶ岳山頂　箱根園からロープウエイ7分、山頂から徒歩10分

箱根三社で頂ける御朱印

御朱印

墨書／奉拝　印／九頭龍神社
●日付を見るたびに月次祭で頂いたパワーを思い出せます

御朱印

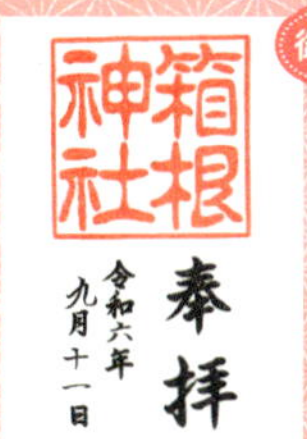

墨書／奉拝　印／箱根神社
●墨書が印の下にある珍しい御朱印で全体的にとてもシンプル

御朱印

箱根元宮の御朱印は書き置きのみ

墨書／奉拝　印／箱根元宮
●印は篆書体という独特の書体で印鑑によく使用されています

お守り

和合御守(1500円)は寄木細工で奉製された仲よしを願うお守り

箱根MAP

壮大なトライアングルゾーン 「東国三社参り」で夢をかなえる力をUP

「東国三社」とは鹿島神宮、香取神宮、息栖神社を指します。江戸時代には三社参りは御利益絶大と大人気でした。いずれも約2000年前に創建された神社ですが、三社を直線でつなぐと直角二等辺三角形(トライアングル)になり、その不思議な位置関係が注目に。そしてトライアングルゾーンでは夢実現への大きなパワーがチャージできるとのこと。さっそく聖地巡礼に出かけましょう。

←社殿は2代将軍・徳川秀忠が奉納。拝殿背後に本殿がありますが、参拝しない人が多いそう

↑高さ約13mの楼門は1634(寛永11)年、水戸藩初代藩主・徳川頼房により奉納。重要文化財。昭和になって大改修が行われました

鹿は神様のお使い
鹿園もあります

力強さと優しさで
決意をサポート

主祭神
武甕槌大神《タケミカヅチノオオカミ》

鹿島神宮《かしまじんぐう》

三社参りではお参りする順番に決まりはありません。ただ、鹿島神宮は物事を始める前に参拝すると御利益があると言われています。そこでまずは鹿島神宮へ。楼門から、まっすぐ伸びる参道。普通は正面に本殿があるはずですが、ここでは右手にあります。古代、未開の地だった北方の敵から都を守るため北向きなのです。「御祭神は力強い武神です。夢実現のために何をするのか、意志を伝えて祈願すれば、力を貸してくれます」と神社の方からアドバイス。

トライアングルゾーンについて伺うと「三社の御祭神は力を合わせ日本建国に尽くした神。当社と香取神宮には地震を抑えるという要石があり、ふたつは地中深くで繋がっているとの伝承もあります」。

↑奥宮へは杉、シイ、タブ、モミの茂る参道を歩きます。境内は600種以上の樹木が生育

私は
武甕槌大神

奥宮へ向かう森の中の五差路にある「大鯰《おおなまず》の碑」。剣を持ち、地震を起こす大ナマズを抑える石像

要石も
強いパワー
があり!

地中深くまで埋まる要石はナマズの頭を抑えていると伝わります

モデルプラン

10:56 鹿島神宮(バス停) ← 徒歩10分 ← 11:00 鹿島神宮(昼食は周辺で) ← 徒歩7分 ← 13:23 鹿島神宮駅 ← 鹿島線21分 ← 13:39 佐原駅 ← タクシー10分 ← 14:00 香取神宮 ← タクシー20分 ← 15:30 息栖神社

次ページへ続く!

↑御手洗池には1日40万ℓもの湧水が。昔は参拝前にこの池で禊をしたそう。今でも年始には200人もの人が大寒禊《だいかんみそぎ》を行います。池近くには茶店があり、お茶や甘味でひと休みできます

↑奥宮は徳川家康が1605（慶長10）年に関ヶ原戦勝のお礼に、現在の本殿の位置に本宮として奉納した社殿を14年後に現在地に遷したもの

御朱印

墨書／武甕槌大神和魂、鹿島神宮　印／鎮宅霊符、鹿島神宮　●「神宮」の名称が付いたのは明治以前は伊勢神宮、鹿島神宮、香取神宮だけ

御朱印 こちら！ そのほか 御朱印帳 P.22で紹介！

朱塗りの楼門と参道の杉が刺繍された表紙が華麗（1500円）

心願成就に期待大♥

「帯占い」（500円）はお願いごとをしながら、赤い糸を結ぶ。そして、紙をほどき、糸がどう結ばれているかで占います。糸がつながっていれば心願成就

↑「心身健全御守」（1500円）。ネックレスなので、いつも身に付けておけます

↑「鹿島立守」（1000円）は独立・開業などスタート時の成功を祈願する出世開運のお守り

かわいい！

↑「神鹿みくじ」（500円）。内部におみくじが入っています

DATA

鹿島神宮

創祀／紀元前660（神武天皇元）年
本殿様式／三間社流造
住所／茨城県鹿嶋市宮中2306-1
交通／JR鹿島線・鹿島臨海鉄道「鹿島神宮駅」から徒歩7分
参拝時間／自由
御朱印授与時間／8:30〜16:30
URL https://kashimajingu.jp/

東国三社参りで 東国三社守り

三社参りでゲットしたい授与品がこちら。まず、三社のいずれかで三角柱の本体を購入。残り二社で社紋シールを頂き、本体に貼りつけて完成。三社参りをしたという達成感が増します

鹿島神宮で頂いた社紋「左三つ巴」付き本体（1000円）

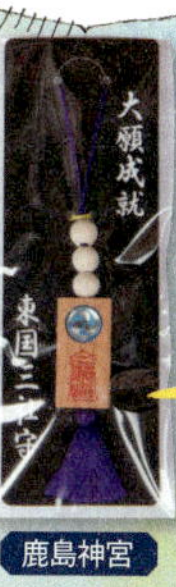

鹿島神宮

香取神宮

社紋「五七の桐」シール（500円）

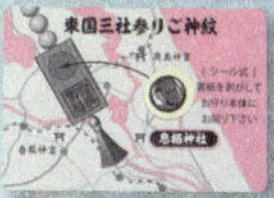

息栖神社

社紋「三つ巴」シール（500円）

くぼみに貼る！

完成

↑現在の本殿は1700（元禄13）年、徳川幕府によって造営され、桃山様式をよく受け継いでいます。屋根は桧皮葺《ひわだぶ》き。国の重要文化財に指定されています。全国で約400社ある香取神社の総本社

迷いを断ち
運命を切り開く

主祭神
経津主大神《フツヌシノオオカミ》

香《か》取《とり》神《じん》宮《ぐう》

樹木の柔らかな緑に朱色が華麗に映える楼門。それとは反対に漆黒の本殿は重厚なたたずまいです。

「将来に迷いがあるときなど決断力と勝運を授け、運命を切り開く力を授けてくださる神様です。そのうえ、縁結びの御神徳もあります」と神職の方。聞けば「香取」は「舵取り」にも通じ、恋人同士や友人など人間関係の舵をうまくとってもらえるのです。初デートで参拝して、すんなり結納、結婚式をここで挙げるカップルも珍しくないそうです。

御朱印について伺うと「神様との御縁を結ぶ大切なもの。ですから、恥ずかしくない字で書くよう集中して書いています」。流れるような筆遣いできれいな字の御朱印を頂きました。

↑奥宮は伊勢神宮の式年遷宮（本殿の引越し）の際の古材を使用した社殿。御祭神の「荒魂」を祀る。荒魂は御祭神の猛々しい面のことをいいます

↑本殿正面に向かって左手に茂る三本杉はパワースポット。真ん中の杉が空洞になっています

地中深くに埋まっている要石は地震を抑えていると伝わっています

2階建ての楼門も本殿と同時期の造営。上下階のバランスがよく、香取神宮のシンボル的存在。楼上の額は東郷平八郎の筆によるもの。国の重要文化財

御朱印

墨書／下総國一之宮、香取神宮　印／香取神宮
●「常に習練して、ていねいに書いています」と神職の方

御朱印帳はこちら！

御朱印帳（1000円）。紺地に雲の柄がさわやか。金箔で押されているのは社紋である五七の桐

DATA
香取神宮
創建／神武天皇の時代
本殿様式／流造（権現造）
住所／千葉県香取市香取1697
交通／JR「佐原駅」より車10分
参拝時間／自由
御朱印授与時間／8:30～17:00
URL https://katori-jingu.or.jp/

←「勝運守」（1000円）は武道、スポーツ選手に人気

↑「災難除守」（1000円）は要石にちなんだお守り

↑社殿は1963年に再建された、鉄筋造りで屋根は銅板葺《どうばんぶき》。境内には稲荷神社や境内社、芭蕉句碑などがある。厄除け、招福、交通安全、海上守護の御利益がある

御神体の井戸から
幸福のパワーを頂く

主祭神
久那斗神《クナドノカミ》

息《いき》栖《す》神《じん》社《じゃ》

境内に入ると両側に樹木が茂る参道が本殿まで続きます。すぐそばが車道なのにとても静か。地元の方が気軽に寄っては参拝していきます。御祭神は招福、交通守護の神様です。神社によれば創建以来、皇室からの信仰があついとのこと。「御朱印には三笠宮様から頂いた印を押しています」と印を見せてくださいました。御神体は「忍潮井（おしおい）」と呼ばれるふたつの井戸。神社の前を流れる利根川の河畔にあります。井戸の底には男瓶、女瓶と呼ばれる瓶が沈められ、瓶が見えれば幸運が訪れるそうです。

御朱印

墨書／東国三社　印／息栖神社、参拝記念
●1930（昭和5）年7月に三笠宮崇仁親王から下賜された水晶製の印が押されています

↑御身体の忍潮井。男瓶は銚子の形、女瓶は土器の形をしています

DATA
息栖神社
創建／応神天皇時代
本殿様式／入母屋造
住所／茨城県神栖市息栖2882
交通／JR「小見川駅」より車10分
参拝時間／自由
御朱印授与時間／9:00～16:00
URL https://ikisujinja.com

→「『徳』授守」（500円）は御神徳が授かれるように祈願したお守り

これが謎の
トライアングルゾーン

三社を結ぶと直角二等辺三角形が浮かび上がります。このゾーンに行くと、不思議なことが起こるというウワサが……!!!

東国三社MAP

御祭神が来たと伝わる海に面した鳥居

鹿島神宮東の一之鳥居

鹿島神宮西の一之鳥居

香取神宮浜鳥居

息栖神社一の鳥居

各社、海辺に鳥居があり、参拝の玄関口として、江戸時代には大勢の参拝客でにぎわったといいます。鹿島神宮西の一之鳥居は高さ約18mで水中鳥居としては日本一です。香取神宮浜鳥居は利根川沿いの岸辺に立つ鳥居。息栖神社一の鳥居の両側には忍潮井があります。

パワーを頂きに神々が住まう山へ！

スピリチュアル・クライミング

登拝は準備万端で！
靴はトレッキング用か足首を保護できるハイカットモデルで。サンダル、ハイヒールは絶対ダメ。カバンはリュックサック、軍手か登山用手袋があると便利。水分は必携です。

山頂で頂く御朱印は感動的！
大山阿夫利神社も筑波山神社も山そのものが御神体。山頂に本社があり、そこで御朱印が頂けます。急な傾斜の登山道を登ってたどり着いた頂上で頂く御朱印は格別なものになるはず。自然のパワーチャージができるうえ、登山の疲れが吹き飛ぶほどの絶景も楽しめます。

大山阿夫利神社は標高1252mの大山頂上に本社、標高700mの中腹に下社があります。下社までは麓からケーブルカーで上がれます。麓から見上げる大山頂上は雲や霧がかかっていることが多く、古来、雨乞い信仰の霊山とされてきたことがわかります。

　下社では本社までの登山の無事を祈りましょう。参拝を済ませたら、拝殿の左手から頂上を目指します。ここからが、本格的な登山です。急な階段を上っていくと、杉の巨木「夫婦杉」。樹齢500年を超えるパワーツリーです。片道約1時間半の登山で本社に到着。御祭神は災いを除き、人と人、人と仕事など、さまざまな絆を取り持つパワーの持ち主です。社務所で御朱印が頂けます。つらい登りを制覇して頂いた御朱印はきっと格別な御朱印になるに違いありません。

山頂からの景色は絶景
仕事運アップの力をもらう

主祭神
大山祇大神《オオヤマツミノオオカミ》

大山《おおやま》阿《あ》夫《ふ》利《り》神社《じんじゃ》

下社拝殿で安全祈願をしてから登頂

大山は古くから関東総鎮護の霊山とされ、源頼朝、徳川将軍家からも信仰されてきたそう。江戸時代は庶民の登拝「大山詣」が盛んで、年間10万人もの参詣がありました。下社社務所でも頂上本社の御朱印が頂けます

拝殿の地下には大山名水が湧く

拝殿右脇から地下に入ると神泉があり、きれいな水が湧いています。龍の口から出る名水を頂き、登山の水分補給用に携行。名水は乾いた喉にとても美味

コースタイム
下社 ⋯徒歩10分⋯ 二重社・二重滝 ⋯徒歩80分⋯ 頂上・上社 ⋯徒歩50分⋯ 富士見台 ⋯徒歩40分⋯ 下社
（休憩・拝観時間は含みません。本格的な登山です。余裕ある計画を立ててください）

源頼朝の太刀奉納にちなむ、お守り「大山御太刀」(800円)

セルフお祓いをしてから登拝門をくぐるべし

霊山に登山するのだから、まず身を清めること。登拝門脇の祓所で自分で大麻《おおぬさ》で体を払いお祓いをしてから、登拝門から登山開始。急傾斜の階段が待っていますがメゲてはいけません！

登拝門からは傾斜が急な石段

長くて急な階段を上り終えると次は木立に囲まれた山道。途中、夫婦杉や天狗の鼻突き岩などのパワースポットを通って高度を上げていきます。休憩をとりながらゆっくり登って

江戸時代から有名な「富士見台」

富士見台から眺める富士山は絶景で江戸時代の浮世絵にも描かれたほど。この場所にはかって茶屋もあり、来迎谷《らいごうだに》と呼ばれていました

「仕事守」(800円)はキャリアアップのお守り

パワーも眺望も山の神様からのプレゼント

山頂にある大山阿夫利神社の本社に到着。社殿は力強いパワーを感じさせ、厳粛な雰囲気。本社からの眺望は相模湾、丹沢、富士山、房総半島まで見渡せ、息をのむほど雄大。絶景を楽しみながら山頂でランチタイム！

ちょっと足を延ばして

二重滝は龍神伝説が残るパワスポ

冷たい空気に全身が浄化されていくよう。二重社と二重滝は行者が禊を行った場所。龍神が現れたとされる神聖なエリア

大山阿夫利神社で頂ける御朱印

御朱印

墨書／大山頂上本社、大山阿夫利神社　印／頂上本社、頂上本社阿夫利神社　●頂上の御朱印。社務所が閉まっているときは、お参りした旨を伝えれば下社で書いていただけます

御朱印

墨書／関東総鎮護、大山阿夫利神社　印／関東総鎮守大山阿夫利神社、阿夫利神社下社之印　●雨乞い信仰の「あめふらし」が転じて阿夫利になりました

＼御朱印帳はこちら！／

下社から頂上を拝した表紙、裏は下社境内にある獅子山を刺繍(御朱印込み1800円)

表紙は境内にある獅子山の獅子、裏は古くから大山に伝わる郷土玩具のコマ(御朱印込み1800円)

DATA

大山阿夫利神社

創建／崇神天皇の時代
住所／神奈川県伊勢原市大山355
交通／小田急線「伊勢原駅」からバス25分「大山ケーブル駅」下車、徒歩15分「大山ケーブル(山麓)駅」からケーブルカー6分
参拝時間／自由
御朱印授与時間／ケーブルカーの運行時間に準ずる
URL https://www.afuri.or.jp/

神が宿る男体山・女体山でパワーをチャージ！

主祭神
伊弉諾尊《イザナギノミコト》
伊弉冉尊《イザナミノミコト》

筑《つく》波《ば》山《さん》神《じん》社《じゃ》

筑波山神社は男体山（標高871m）と女体山（標高877m）が御神体、それぞれの頂上に御本殿があります。麓の拝殿で安全祈願をしてから、ケーブルカーで「山頂駅」へ。最初に男体山頂上を目指します。ごつごつした岩場を登ったら頂上に到着。頂上近くには仕事運のパワースポット立身石があります。頂上を下り、女体山へ。

女体山頂上への登山路は稜線を歩くなだらかなコース。頂上御本殿では縁結びの御利益が頂けます。御本殿の奥の岩上に登るとすばらしい景色が開けました。ケーブルカーで下山し、再び麓の拝殿で登山の無事を感謝。御朱印を頂き、神職に報告をすると「筑波山は修験道の修行の場。ですから、山全体に神が宿っています。五感を研ぎ澄まし、岩に触れ、景色を見て、森の香りを嗅げば神がさまざまな生命を与えていると感じられるのではないでしょうか」と話してくださいました。

拝殿の鈴にハート型あり♥

↑拝殿は筑波山南面の標高270mの中腹にあります。江戸時代は江戸の北東の鬼門を守る神の山として徳川家からも篤く信仰されました。拝殿周囲には樹木が茂り、空気が冷たく感じます

ハードな登山

ゆるやかな登山

御朱印は拝殿で

男体山

立身石

↑男体山本殿。標高はこちらの方が低いですが、山の姿が尖っているため、男体山とされています。立身石は登山路から背後に回ると石の上に登れ、関東平野の眺望がすばらしい

女体山

←女体山本殿。標高は男体山より高いですが、なだらかで女性的な姿。登りも緩やか。現在の社殿は1978（昭和53）年に建てられたもの

御朱印は山頂の社務所で

↑筑波山は百名山のひとつで最も標高の低い山。しかし、独立峰なので視界が開け、女体山からは関東平野が一望できます

見ざる・聞かざる・言わざる

と、いえば日光東照宮がすぐ浮かびますが、実は筑波山神社にある彫刻が最初といわれます。拝殿脇にある日枝神社本殿の装飾に三猿が施されているのです。作者は左甚五郎、江戸時代初期のものと推定されます。

モデルプラン

9:00 つくば駅 ← シャトルバス36分 ← 9:36 筑波山神社入口 ← 徒歩10分 ← 9:50 筑波山神社拝殿 ← 徒歩5分 ← 10:20 ケーブルカー宮脇駅 ← ケーブルカー8分 ← 10:28 筑波山頂駅 ← 徒歩15分 ← 10:43 男体山御本殿 ← 徒歩5分 ← 11:20 立身石 ← 徒歩10分

11:35 筑波山頂駅 ← 徒歩15分 ← 11:50 女体山御本殿 ← 徒歩10分 ← 12:30 筑波山頂駅 ランチ・休憩50分 ← ケーブルカー8分 ← 13:28 宮脇駅 ← 徒歩5分 ← 13:33 筑波山神社拝殿 ← 徒歩10分 ← 15:10 筑波山神社入口 ← シャトルバス40分 ← 15:52 つくば駅

※体力に合わせた計画を。冬期は日暮れが早く、15時には山頂駅まで下山できるようにしましょう

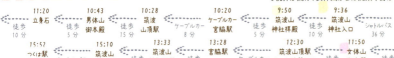

御朱印

ほかにも恵比寿神社、厳島神社など全部で8種あり

墨書／奉拝、筑波山神社　印／天地開闢、筑波山神社、筑波山神社参拝　●「御朱印は気を引き締めて書いています」と神社の方

墨書／男体山御本殿　印／筑波山西峯、男大神・山頂筑波山・御本殿、遥拝　●印の「本」は男体山の頂上が尖っていることを表現

墨書／女体山御本殿　印／筑波山東峯、登拝、女大神・山頂筑波山・御本殿　●印の「本」は、なだらかな女体山を示しているそう

DATA

筑波山神社

創建／崇仁天皇の時代
拝殿様式／唐破風千鳥破風付入母屋造
住所／茨城県つくば市筑波1
交通／つくばエクスプレス「つくば駅」からシャトルバス36分
参拝時間／自由
御朱印授与時間／9:30～17:00
URL https://www.tsukubasanjinja.jp

ヤッホー！

登拝の証に！

「男体守」「女体守」（各1000円）は全体運アップのお守り。各山頂での限定授与です

「縁結守」（1000円）は女体山山頂に架かる天の浮橋をデザイン

御朱印帳はこちら！

御朱印帳（2000円）は紫色の表紙が男体山と女体山。裏は金で三つ葉葵の神紋を施しています

体力に自信がなくても登れる山！ プチ登山ならこちら

↑1789（寛政元）年の造営とされる富士塚は、高さ約6mで5分もあれば登れます。頂上までの登山路は自然石で造った階段状で頂上付近には富士山の溶岩が配されています

↑江戸時代に造られた社殿は1945（昭和20）年、戦災により焼失。その後、幾度かの改築を経て1993（平成5）年に総欅造の社殿を新築し、復元しました

↑富士塚の麓にある、富士塚の案内板

女神のチカラを頂きに
都内にいながら富士登山

主祭神
応神天皇《オウジンテンノウ》
神功皇后《ジングウコウゴウ》

鳩森八幡神社《はとのもりはちまんじんじゃ》

厄除けや縁結びなど、富士山登拝と同じ御利益が授かれると江戸時代に盛んに造営されたのがミニサイズの富士山・富士塚。境内には都内で現存する中で最古の富士塚があり、登ることができます。山頂のコノハナサクヤヒメを祀る祠は、パワースポット。登拝記念の御朱印は、手書きと書き置きがあります。

御朱印

墨書／千駄ヶ谷、富士登拝　印／冨士浅間神社之印　●大きな印の中には富士山が描かれています

御朱印帳はこちら！

御朱印帳（御朱印込み2000円）は鳩があしらわれたデザイン。鳩森の「H」と八幡の「8」がモチーフになっている

これはかわいい！

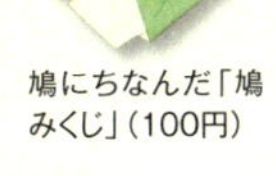

鳩にちなんだ「鳩みくじ」（100円）

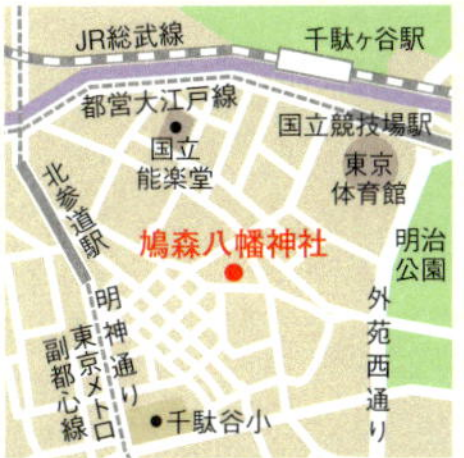

DATA

鳩森八幡神社

創建／860（貞観2）年
本殿様式／権現造
住所／東京都渋谷区千駄ヶ谷1-1-24
交通／JR「千駄ヶ谷駅」から徒歩5分、地下鉄「北参道駅」から徒歩5分
参拝時間／自由
御朱印授与時間／9:00～17:00

URL https://www.hatonomori-shrine.or.jp/

パワーあふれる世界遺産で御朱印&エネルギーをチャージ

「日光東照宮」と「日光二荒山神社」はいずれも世界遺産「日光の社寺」を構成する神社です。両社は、風水や陰陽道を駆使して運気がよく、自然のパワーがあふれる場所を探して創建されたといいます。それだけにパワーは最強。縁結びから金運、仕事運、勝運まで、あらゆる御利益が揃い、御朱印もいっぱい頂けます。

←日光二荒山神社は古くから男体山（標高2486m）を御神体とする神社で日光の氏神でもあります。本殿は2代将軍・徳川秀忠の寄進で1619（元和5）年に造営されました

縁結び、金運に大きな御利益
境内すべてにパワーがあふれる

主祭神
二荒山大神《フタラヤマノオオカミ》

日《にっ》光《こう》二《ふ》荒《たら》山《さん》神《じん》社《じゃ》

日光二荒山神社の境内は世界遺産の神橋から始まります。大谷川を渡ればすぐ本宮神社。ここから上り坂を歩いて滝尾神社へ。滝尾神社は二荒山神社の別宮。本殿に参拝後は裏に回ると、三本杉がそびえ、パワースポットになっています。境内から山道を下れば二荒山神社の境内です。本殿に参拝後は必ず御利益スポットがぎっしり並ぶ神苑へ。神苑内にある大国殿では金運アップ、朋友神社では恋愛運強化が期待できます。運試しの輪投げやお菓子のルーレット占いにもトライ。二荒霊泉では水に触れるとよい運気が定着するといわれています。御朱印は境内入口に立つ札所で。滝尾神社や境内摂社の御朱印も、ここですべて頂けます。神社の方は「御祭神である大神様と参拝者の仲をとりもつのが御朱印です。大切にしてください」。

↑神門の両脇に夫婦杉・親子杉があります

↑眼病に効果があり、知恵を授かり、アンチエイジングにも御利益があるといわれる二荒霊泉。お水取りをして持ち帰りもOK。近くの茶店では霊泉を使った抹茶や甘酒が飲めます

御朱印帳はこちら!

御神体である男体山と神橋、社紋である三つ巴が刺繍された御朱印帳（2000円）

↑「良い縁結ぶ守」（1000円）は滝尾神社の「縁結び笹」にちなむお守り

↑「安産子種石守」（1500円）。滝尾神社の霊石にちなんだ安産と子授けのお守り

↑良縁成就の「良縁板」（500円）はピンクのハートがキュートな絵馬

DATA
日光二荒山神社
創建／782（天応2）年
本殿様式／八棟造
住所／栃木県日光市山内2307
交通／JR・東武「日光駅」からバスで15分「大猷院二荒山神社前」下車徒歩すぐ
参拝時間／8:00～17:00（11～3月は9:00～16:00）
御朱印授与時間／8:15～16:30（11～3月は9:15～15:30）
神苑入園料／300円
URL http://www.futarasan.jp/

モデルプラン
9:35 東武日光駅 ← バス4分 ← 9:39 神橋（バス停） ← 徒歩3分 ← 9:42 神橋 ← 徒歩3分 ← 10:20 本宮神社 ← 徒歩30分 ← 11:20 滝尾神社 ← 徒歩25分 ← 日光二荒山神社

次ページへ続く!

日光二荒山神社神苑と周辺は御朱印と御利益のテーマパ

③ 滝尾《たきのお》神《じん》社《じゃ》

隠れたパワースポット。御祭神は女神で縁結びに御利益があるそう。願いを込めるとご縁が結ばれるという「縁結びの笹」が人気

墨書／日光の聖地、瀧尾神社 印／社紋、日光二荒山神社別宮瀧尾神社 女峰山

② 神橋《しんきょう》

修行の場を求める勝道上人を向こう岸に渡すために神が使わした2匹の蛇が橋になったという伝説が。渡橋料300円

墨書／二荒山神社、神橋 印／二荒山神社、橋を表した印に神橋、日光二荒山神社のネーム印

① 本殿《ほんでん》

江戸時代初期、徳川二代将軍・秀忠公の造営寄進。当時のままの建造物で随所に華やかで精緻な装飾が施されています。重要文化財

墨書／奉拝、二荒山神社 印／三つ巴の社紋、日光山總鎮守下野国一之宮二荒山神社、小槌の印

⑧ 運試しの輪投げ

3つの輪を投げてひとつでも入ったら幸運!

⑨ 高天原

神が降りる神聖な場所とされ、手をかざす人の姿も

至 ② 神橋・⑦ 本宮神社

至日光東照宮・③ 滝尾神社

⑩ 銭洗弁財天

二荒霊泉の水が流れる銭洗所で洗ったお金は福銭といいます

⑪ 縁結びの笹（日光二荒山神社）

滝尾神社同様、笹に願いを込めるとあらゆる良縁に恵まれるとか

④ 朋友《みとも》神《じん》社《じゃ》

御祭神スクナヒコナノミコトは大国主命とともに日本の国造りに力を尽くした神様で知恵を授けてくれます。学業や縁結びにも御利益あり

墨書／知恵の神、朋友神社 印／日光 二荒山神社末社朋友神社 神苑内鎮座

⑤ 大国殿《だいこくでん》

福の神「招き大国」を祀ります。備え付けの小槌を振ってお参りすると金運アップの御利益あり。また、お菓子の神様の像とそれにちなんだお菓子占いがあります

墨書／幸運を招く、日光大国殿 印／大国様の印

⑥ 日枝《ひえ》神《じん》社《じゃ》

神苑入口に鎮座。御祭神は山の神であり、健康の神様。鮮やかな朱塗りの社殿に極彩色で彩られた装飾が華麗。重要文化財

墨書／健康の守護、日枝神社 印／日光二荒山神社末社日枝神社神苑内鎮座

⑦ 本宮《ほんぐう》神《じん》社《じゃ》

創建は808（大同3）年と伝わり、古くは二荒山神社、滝尾神社とともに日光三社と呼ばれました。現在の社殿は1685（貞享2）年の建造で重要文化財

墨書／日光の原点、本宮神社 印／社紋、本宮神社

↑東照宮は徳川家康を祀る神社。陽明門は3代将軍・徳川家光の命により、1636(寛永13)年に完成。彫刻や彩色など江戸時代初期の最新技術が尽くされているそう。12本ある柱のうち1本だけ文様が上下逆の柱があり、「魔除けの逆柱」と呼ばれています

勝運と仕事運UP!
輝く自分を手に入れる

主祭神
東照大権現《トウショウダイゴンゲン》

日光東照宮《にっこうとうしょうぐう》

日光二荒山神社からは上新道を歩きます。この参道は杉の巨木が両脇に茂り、さわやかな散策ができる道です。東照宮といえば陽明門。彫刻の絢爛さは圧倒的です。「陽明門や社殿に施された彫刻は名工たちの魂がこもったもの。彼らの思いを感じてください」と神社の方は話します。御祭神の東照大権現とは徳川家康公のこと。江戸幕府を開き、天下を治める将軍となった家康公にあやかり、勝運と仕事運のアップをお願いしましょう。社殿をめぐったら、眠り猫のある坂下門から奥社参道を歩き、奥宮の御宝塔まで参拝してください。御宝塔は御祭神の墓所。杉木立に囲まれた周辺はしんとした静寂に包まれ、一段とパワーが強いエリアとされています。

Zzzz

↑東回廊に施された「眠り猫」。左甚五郎作と伝わります。日の光を浴び、うたた寝をしている姿は「日光」にちなんだとも言われているそう

↑奥宮、御宝塔の近くに茂る「叶杉」。樹齢約600年とされる御神木。幹の洞に向かって願いごとを言えばかなうとか

御朱印帳はこちら!

表は陽明門の刺繍。徳川家の葵紋が付いています。同じデザインで赤色のものもあります(2100円)

DATA
日光東照宮
創建/1617(元和3)年
住所/栃木県日光市山内2301
交通/JR・東武「日光駅」から東武バス10分、「西参道」バス停から徒歩5分
参拝時間/9:00~17:00(11~3月は~16:00)
御朱印授与時間/9:00~17:00(11~3月は~16:00)
拝観料/1600円
URL http://toshogu.jp/

御朱印

墨書/奉拝　印/日光東照宮
●境内の薬師堂では天井に描かれている龍にちなんだ「鳴龍」の御朱印も頂けます

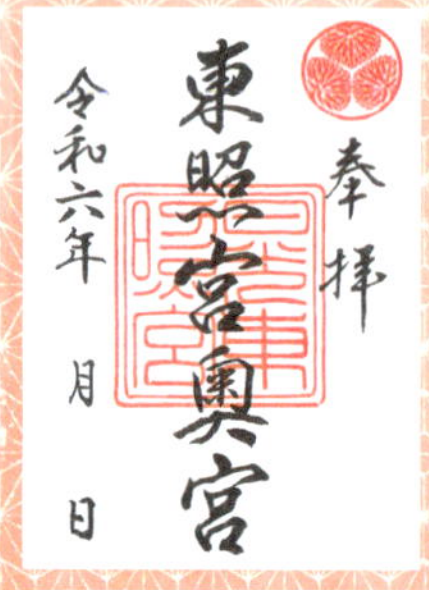

墨書/奉拝、東照宮 奥宮　印/徳川家の葵紋、日光東照宮　●奥宮は徳川家康公の墓所。静かに参拝しましょう(奥宮は書き置きのみ)

日光MAP

モデルプラン

12:40 日光二荒山神社(昼食は周辺で)
徒歩5分
14:00 日光東照宮
徒歩5分
15:09 西参道(バス停)
バス13分
15:22 東武日光駅

第三章

御利益別！今行きたい神社

Part 1

総合運

恋愛、健康、仕事、金運、なんでも丸ごとお願いしたい。そんな欲張りなあなたが参拝すべきはこちらの神社。

◆★総合運★絶対行きたいオススメ神社２選
御岩神社(茨城)／神田神社(東京)

◆浅草神社（東京）
◆日枝神社（東京）
◆烏森神社（東京）／大宮八幡宮（東京）
◆田無神社（東京）
◆北澤八幡神社（東京）／赤城神社（東京）
◆大國魂神社（東京）

◆寒川神社（神奈川）
◆千葉神社（千葉）
◆武蔵一宮 氷川神社（埼玉）
◆常磐神社（茨城）／一言主神社（茨城）
◆古峯神社（栃木）
◆上野総社神社（群馬）／一之宮貫前神社（群馬）

◆まだまだあります！ 編集部オススメ！ 授与品

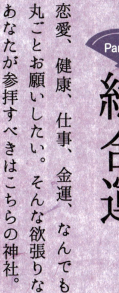

☆総合運☆ 絶対行きたいオススメ神社 2選

聖なる地で最強の御利益と御朱印を頂く！

神様のパワーをなかなか実感できないというあなたにもおすすめなのが御岩神社。境内に一歩入れば、誰もがその空気の違いがわかるはず。一方、神田神社では徳川家康公を勝利に導いたといわれる強力な勝運が頂けます。どちらも御利益がいっぱい！

絶対行きたい
オススメ神社 1

神々しい「気」が流れる聖地中の聖地

縄文時代から聖域とされてきた霊山・御岩山には188柱もの神々がすみ、厳粛な気が漂います。

茨城

御岩神社【おいわじんじゃ】

鳥居をくぐると緑濃い巨木が聳《そび》え、空気がピンと張りつめた境内は、まさに神々が宿る静かな神域といった感じ。創建は不詳ですが、なんと3000年以上も前の縄文後期に、すでにこの地で祭祀が行われていたと推測され、聖地中の聖地といえるでしょう。188柱もの神道の神様のほかに、仏教の阿弥陀如来や大日如来もお祀りされ、境内全域に古代信仰を思わせる独特の雰囲気が漂います。拝殿から山のなかの表参道を20分ほど歩くと、奥宮「かびれ神宮」。さらに山道を20分ほど登ると御岩山の山頂に到着です。視界が一気に明るく開け、すばらしい展望が楽しめます。

主祭神

国常立尊《クニトコタチノミコト》　大国主命《オオクニヌシノミコト》

伊邪那美命《イザナミノミコト》

木漏れ日の輝きに神を感じる

神職は「森厳なる神域であり続けるように努めている」と話します。社殿も、境内も、常に清らかに保たれ、心地よい空間です。ミズバショウやシャクナゲなど四季の花々も可憐です

拝殿に行くには朱塗りの御神橋を渡ります。境内の池には御岩山の御前水と呼ばれる水が湧いています

取材スタッフのこぼれ話

大昔から神々がすむ聖地とされてきた御岩山。社務所から少し歩いた所にある仁王門をくぐると見られるこの霊場図には、なんと188柱もの御岩山の神々が描かれています！　あまりの数の多さに関東でも有数の霊山と言われるのも納得。スマホの待ち受け画面にしたら、いつも188の神様に見守っていただけるかも。

常陸最古の霊山を背景に、老木に囲まれてたたずむ拝殿

御岩神社が最初に文献に現れるのは713（和銅6）年、日本最古の地方誌『常陸風土記』です。江戸時代には水戸藩の祈願所として信仰され、代々の藩主は必ず参拝するのが習慣とされていました

山の霊気に囲まれて立つ奥宮「かびれ神宮」

拝殿からの表参道は平坦な道が続き、やがて険しい山道の登りになります。祀られているのはタチハヤヒヌノミコト、アマテラスオオミカミ、ニニギノミコトです

大木が連なる神秘的な参道には二層の楼門が建ち、樹木の緑に映えて朱塗りが鮮やかです。この門は平成になってから再建された門。楼門内には仁王の阿形像《あぎょう》、吽形像《うんぎょう》が安置され、天井には海と太陽、月が描かれています

授与品

八大龍王神の剣を錦袋に入れて悪運を断ち切る「運気上昇守」(1200円)

「祭神絵馬」(700円)。主祭神の姿が描かれた絵馬に願いを込めて奉納

「大日如来御守」(1000円)。神仏習合思想から仏である大日如来も祀られている〈掲載は2025(令和7)年限定色〉

御神木「三本杉」は推定樹齢600年。幹の周囲は9m、高さ50m。地上3mでひとつの根から幹が三本に分かれています。ここには天狗がすんでいたとの伝承も残り、強力なパワーを放っています

墨書/御岩神社　印/常陸國最古霊山御岩神社

●掲載の通常御朱印のほか、夏季には「夏山禅定御朱印」、正月期間には「正月限定御朱印」が頂けます

墨書/賀毗禮神宮　印/賀毗禮之高峰賀毗禮神宮

●奥宮「かびれ神宮」の御朱印です

三本杉は林野庁から次世代に残したい巨木として「森の巨人たち百選」に茨城県で唯一、選定されました

DATA

御岩神社

創建/不詳

本殿様式/神明造

住所/茨城県日立市入四間町752

交通/常磐線「日立駅」からバス35分

参拝時間/9:00〜17:00

御朱印授与時間/9:00〜17:00

URL https://www.oiwajinja.jp/

神社の方からのメッセージ

御岩山は神域です。敬虔な気持ちでお参りしてください。山頂へは山道を歩きますから、靴をはじめ登山の装備(軽装備可)で、登拝ルートを外れないように。雨天や積雪時、また午後3時以降の入山は禁止です

明治時代になり神仏分離令が出され、ほとんどの神社が神道の神様だけを祀るようになりましたが、御岩神社は今も神仏混淆の形態を残しています。4月と10月の第3土・日曜に開催される回向祭《えこうさい》も神仏混淆の伝統行事で大日如来の御開帳があります

絶対行きたいオススメ神社 2

東京

神田神社

【かんだじんじゃ】

ワイド&ビッグな御利益で夢成就

江戸東京に鎮座して1300年の歴史をもち神田、日本橋、秋葉原等108町会の氏神です。

神田明神の名で親しまれています。御祭神は縁結び、商売繁昌、勝負運、厄除けのチカラを持つ3柱。夢をかなえるのに必要なパワーをすべて備えているのです。お守りは60種もあり、なかでも「勝守」はぜひ頂きたいお守り。徳川家康が関ケ原の戦勝祈願のために持ち、神田祭の日に勝利したという逸話が残るほど、御利益大のお守りです。

主祭神

大己貴命《オオナムチノミコト》

少彦名命《スクナヒコナノミコト》

平将門命《タイラノマサカドノミコト》

大海を渡るエビス様の像

御祭神の少彦名命は別名エビス様。招福の神様です。ダイナミックな波とイルカが印象的

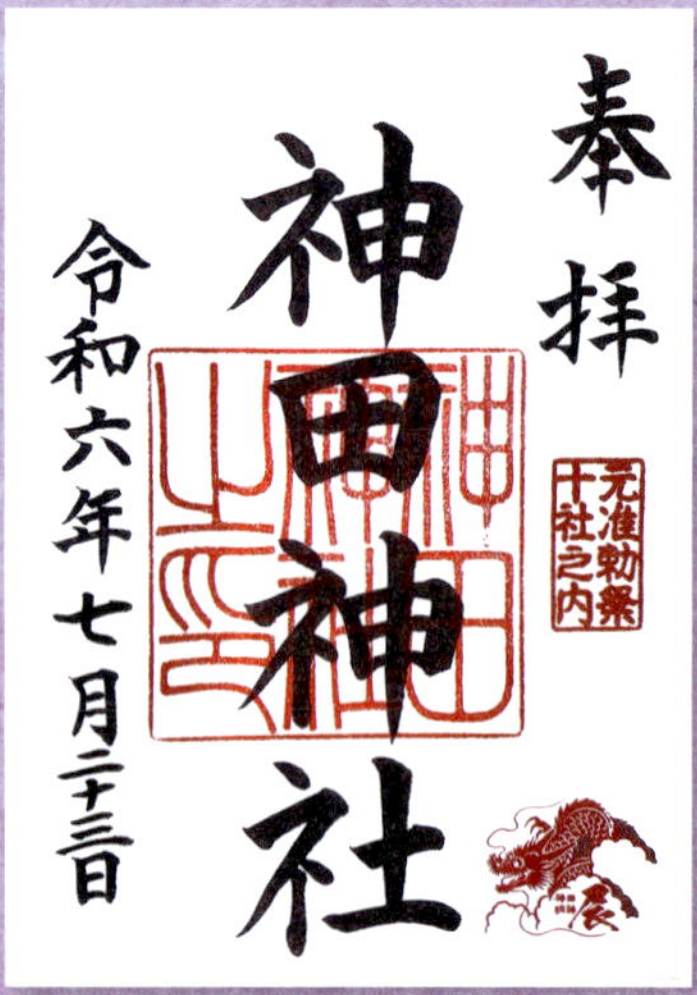

墨書/奉拝、神田神社　印/元准勅祭十社之内、神田神社　●「准勅祭社(ちょくさいしゃ)」とは明治期に定められた、皇居と東京の鎮護を祈る10社の神社(下記参照)。現在この制度は廃止されました

御朱印帳

神田明神オリジナルの御朱印帳は3種類。文化交流館ショップIKIIKIで販売中(各2500円)

クリアファイルつき!

お守り

「勝守」(500円)は勝負事、商売繁盛、試験合格の強い味方

取材スタッフのこぼれ話

大己貴命(大国様)の像は、高さ6.6m、重さ約30tもあり、石造りの像としては日本一の大きさ。開運招福の御利益アリなので、ぜひご参拝を!

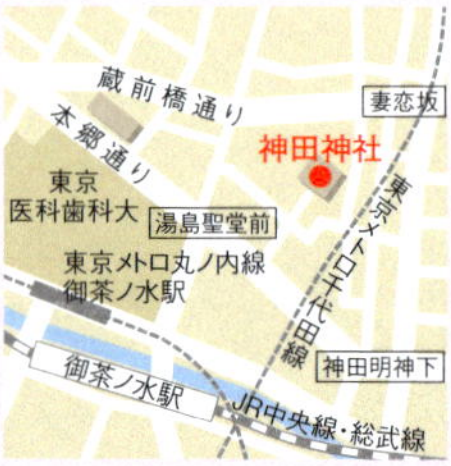

DATA

神田神社

創建/730(天平2)年

本殿様式/権現造

住所/東京都千代田区外神田2-16-2

交通/JR・地下鉄「御茶ノ水駅」から徒歩5分、JR・地下鉄「秋葉原駅」から徒歩7分

参拝時間/自由

御朱印授与時間/9:00〜17:00

URL https://www.kandamyoujin.or.jp/

神社の方からのメッセージ

神田明神では、2年に一度「神田祭」が斎行されます。日本三大祭のひとつにも数えられる伝統的なお祭りで、毎年30万人以上もの人々が訪れます。神田祭が行われる5月には神田祭限定の御朱印を頒布しています

「准勅祭社」とは神田神社、日枝神社、根津神社、亀戸天神社、白山神社、王子神社、芝大神宮、品川神社、富岡八幡宮、赤坂氷川神社の都内10社。現在、「准勅祭社」専用の御朱印帳を「東京十社めぐり」の御朱印帳として各神社で授与しています

浅草寺のレジェンドを祀る

浅草寺本堂右手の鳥居をくぐれば静かな境内。穏やかな気に包まれて、ざわついた心も和みます。

東京

浅草神社

【あさくさじんじゃ】

浅草寺創建に関わった3人を主祭神に祀り、地元では「三社さま」として親しまれています。例大祭「三社祭」も有名。浅草寺のすぐ側なのに境内に喧噪はありません。明るく、優しい空気にあふれています。境内右手の奥にある被官《ひかん》稲荷神社は、御朱印もあり、こちらは出世開運のパワスポ。就職・転職・キャリアアップのお願いに応えてくれるはず。

被官稲荷様がかなえた玉の輿!

幕末の町火消し・新門辰五郎が深く信仰し、鳥居を寄進。その後、辰五郎の娘は15代将軍・徳川慶喜の側室に。出世、五穀豊穣、芸能上達に神徳があります

主祭神

土師真中知命《ハジノマナカチノミコト》

檜前浜成命《ヒノクマハマナリノミコト》

檜前武成命《ヒノクマタケナリノミコト》

みんなのクチコミ!!

境内入口に夫婦の狛犬があります。縁結びや家庭円満のパワーをくれるとか(pink)

墨書/奉拝、浅草神社　印/浅草三社、社紋、浅草神社 ●社紋は網。主祭神である漁師の檜前兄弟が隅田川から観音像を引き上げた故事に由来します

墨書/奉拝、被官稲荷神社 印/東京浅草、神のお使いキツネ、社紋、被官稲荷神社

お守り

三社様の御力が込められ、あらゆる心配ごとに効くといわれる「大丈夫守」(500円)

御朱印帳

表紙には、社紋の三つ網紋。このほかに、ピンク、紺色の全3色(1000円)

DATA

浅草神社

創建/不明
本殿様式/権現造
住所/東京都台東区浅草2-3-1
交通/地下鉄・東武線「浅草駅」から徒歩7分
参拝時間/自由
御朱印授与時間/9:00〜16:00(土・日・祝日は〜16:30)
URL https://www.asakusajinja.jp/

神社の方からのメッセージ

創建は1300年代、郷土神を祀ったものと推定されます。当社では日本文化を継承するため、川柳教室、巫女舞教室などを行っています。また、社務所を学びの場「社子屋」として開放。古事記の講読、勾玉作りなどを開催しています

三社祭は1312(正和元)年に船祭が行われたのが最初とされ、江戸時代には氏子たちが山車を引き回すのが中心でした。現在では毎年5月第3週の金・土・日曜に行われ、各町内の神輿や本社神輿が繰り出します。3日間で150万人もの人出がある東京を代表する祭です

東京 日枝神社【ひえじんじゃ】

神様の使いの神猿が幸せを後押し

主祭神は大地を支配し、万物の成長を守護する神様。魔を除け、幸せを招く、絶大なパワーの持ち主です。

国会議事堂の近く、政治の中枢・永田町に鎮座。江戸時代には江戸の守護神として信仰され、徳川将軍家は国家の大事を決める前には必ずこちらで祈祷を捧げていました。ここ一番の大きな仕事や決意を固める前に、大きなパワーを頂きに行きましょう。御祭神のお使いは神猿。「魔が去る」という意味が込められ、悪運を絶ってくれるそう。

良縁成就にも御利益あり「神猿像」

社殿の両脇には狛犬ではなく、子猿を抱いた母猿と父猿が鎮座。「猿」の音読み「えん」が「縁」につながることから夫婦円満、縁結びの神としても信仰を集めています

主祭神

大山咋神《オオヤマクイノカミ》

みんなのクチコミ!!

大都会にあることを忘れるほど、静かで緑豊かな境内です。ゆったりと参拝できました（サン）

墨書／皇城之鎮、日枝神社　印／日枝神社、二葉葵
●「皇城之鎮」と書いて「こうじょうのしずめ」と読みます。皇城とは皇居のことを指します。神紋の二葉葵の印は緑で、中央の朱印とのバランスが見事

御朱印帳

神紋の丸と二葉葵の柄にお猿さんをあしらったオリジナル御朱印帳（1500円）

お守り

「まさる守」（大800円・小600円）は神様の使いである神猿を象ったお守り

「山王鳥居」は合掌した手を思わせる三角形の破風（屋根）が特徴。男坂側、山王橋側、稲荷参道側にあります

DATA

日枝神社

創建／鎌倉時代初期
住所／東京都千代田区永田町2-10-5
交通／地下鉄「溜池山王駅」から徒歩3分、「国会議事堂前駅」「赤坂見附駅」から徒歩5分
参拝時間／6:00～17:00
御朱印授与時間／8:00～16:00
URL https://www.hiejinja.net/

神社の方からのメッセージ

親の代から、お付き合いを続けている方もいらっしゃいます。皆さん、良縁祈願、安産祈願、お宮参り、そして厄除けと人生の節目節目で参拝されています。境内は都心にありながらも緑豊か。まさにオアシスといえるでしょう

日本三大祭のひとつ・山王祭は歴代の将軍が拝礼することから「天下祭」とも呼ばれた日枝神社最大の祭礼。毎年6月7日～17日に行われ、2年に一度の神幸祭では神輿、山車など300mにも及ぶ祭礼行列が都心を練り歩きます。

カラフル御朱印の代名詞

東京

烏森神社

【からすもりじんじゃ】

繁華街の真ん中に鎮座。新橋の繁栄を築き、守護してきました。御朱印はとてもカラフル。神事や行事ごとの限定御朱印もあります。神社の方は、いつまでも心身健康で……という願いを込めて御朱印を書いているのだとか。華やかなお守りも多数あり、女子力をアップしてくれそう。

墨書／烏森神社　印／巴紋、東京新橋鎮座、烏森神社　●赤、黄、青、緑の巴と烏の印は社紋。烏の印は神社の創始に神烏が関わっていることを表しています。期間限定の御朱印もあり（詳細はP.16）

お守り

烏の社紋が入った丸い形がかわいい「社紋御守」（1000円）

お守り

「仕事御守」（1000円）は仕事の成功を祈願するミニサイズのお守り

御朱印帳

裏表紙には烏の印が刺繍された御朱印帳（2000円）

DATA

烏森神社

創建／940（天慶3）年
住所／東京都港区新橋2-15-5
交通／JR・地下鉄「新橋駅」から徒歩2分
参拝時間／自由
御朱印授与時間／9:00～16:30
URL http://karasumorijinja.or.jp/

主祭神

倉稲魂命《ウカノミタマノミコト》　天鈿女命《アマノウズメノミコト》
瓊々杵尊《ニニギノミコト》

みんなのクチコミ!!

神社独特のかわいいおみくじ「心願色みくじ」で超大吉が出ると福分けセットがもらえます（かあこ）

「東京のへそ」とも言われる古社

東京

大宮八幡宮

【おおみやはちまんぐう】

東京都の重心に位置したため「東京のへそ」とも称されています。境内にある多摩清水社の湧水は飲むと延命長寿の御利益があるとされる御神水です。御神木「共生の木」はカヤの木に犬桜が寄生した珍しい樹木。まさに助け合う心の大切さを示唆しています。

印／武蔵之國八幡一之宮、子育厄除八幡さま、大宮八幡宮
●かつては武蔵國三大宮のひとつ「多摩の大宮」「武蔵國八幡一之宮」と称されていました

御朱印帳

社紋「笹竜胆（ささりんどう）」があしらわれた御朱印帳（2000円）

お守り

「幸福がえる守」（1000円）。願い札と天然石付き。札に願いごとを書き、石と一緒にお守りに入れて持ち歩きます

DATA

大宮八幡宮

創建／1063（康平6）年
本殿様式／流造
住所／東京都杉並区大宮2-3-1
交通／京王線「西永福駅」から徒歩7分
参拝時間／自由
御朱印授与時間／9:30～17:00
URL https://www.ohmiya-hachimangu.or.jp/

御祭神

応神天皇《オウジンテンノウ》　仲哀天皇《チュウアイテンノウ》
神功皇后《ジングウコウゴウ》

みんなのクチコミ!!

本殿左の稲荷社には見ると幸せになれる妖精がでるとか（クール）

龍神を祀る清らかなる杜で運気向上祈願！

厄を祓う強力な五柱の龍神を祀る神社。御神木の大銀杏から、御神気が頂けます。

東京

田無神社【たなしじんじゃ】

鳥居の先に広がるのは緑深い境内。厳かな空気が流れ、心が引き締まります。境内には東に青龍、西に白龍、南に赤龍、北に黒龍、本殿には金龍が祀られています。五龍神は学業成就、技芸向上、金運上昇、幸福招来などさまざまな運気を上昇させ、厄を祓う強いお力があります。そして主祭神は縁結びの神様。悪縁を絶ち、良縁開運祈願をしたいなら参詣はマストです！

天才・俊表の仕事。繊細で見事な彫刻が施された本殿

本殿は1858(安政5)年建立。いたるところに彫物大工・嶋村俊表による彫刻が施されています。厚みのある彫刻と繊細な地紋彫りが圧巻の傑作です

主祭神

大国主命《オオクニヌシノミコト》　級津彦命《シナツヒコノミコト》

級戸辺命《シナトベノミコト》

みんなのクチコミ!!

境内の恵比寿大黒社では参拝するときに木魚を叩きます。招福の御利益あり(にむ)

墨書／奉拝、田無神社　印／龍神の印、田無神社
●本殿や境内に祀られている龍神様の迫力ある印が押されています。通常御朱印のほか、季節の限定御朱印や切り絵御朱印もあります

境内には五柱の龍神様がお祀りされており、こちらは北を守護する黒龍神

新緑も黄葉もこの木から始まり、その後にほかの木が続くという不思議な御神木

御朱印帳

巫女、神職の装束である袴をイメージした御朱印帳（1600円）

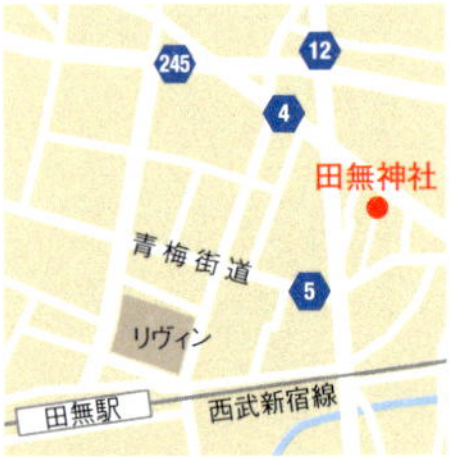

DATA

田無神社

御鎮座／鎌倉時代
本殿様式／入母屋造
住所／東京都西東京市田無町3-7-4
交通／西武新宿線「田無駅」から徒歩6分
参拝時間／自由
御朱印授与時間／9:00～17:00
URL https://www.tanashijinja.or.jp/

＼神社の方からのメッセージ／

龍神様は命の根源である「水」と、厄やケガレを吹き祓う「風」の神様です。それぞれのお社をお参りして、力を頂いてください。お正月には龍が描かれた色紙に御朱印をお書きすることもできます

御神宝の獅子頭は1850(嘉永3)年9月に制作され、1864(元治元)年4月に修理されていることが調査から判明。当時、獅子頭は豊作を占うときに供えられたとされ、後には雨乞いの獅子として村人からの信仰を集めたと思われます。西東京市の文化財に指定されています

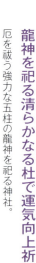

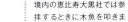

チーム女神スが全力サポート!

東京

北澤八幡神社

【きたざわはちまんじんじゃ】

主祭神のほか、お祀りされているのは美人三姉妹はじめ4柱の女神オールスターズたち。神職も女性。本殿も華やかで、まさに女性のための神社。そこで縁結び、安産、美容、芸事、わがままなお願い、なんでもお任せ。境内には女神の力強いパワーがあふれています。

●御朱印はすべて期間限定御朱印です。2025年1月14日頃からは、神社が所蔵する「素環頭内反大刀師霊大刀（そかんとううちぞりたちふつのみたまだいとう）」の御朱印。御朱印紙はシールになっています。(800円)

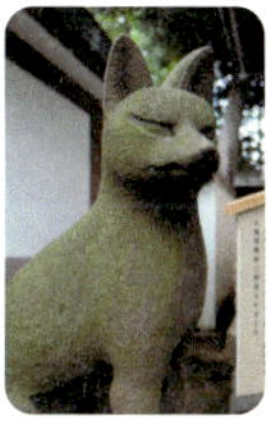

よっ! イケメン♥

境内のお狐様はイケメンキツネとして有名

御朱印帳

御朱印帳（1500円）は神社に伝わる龍神伝説の龍がモチーフ

主祭神

応神天皇《オウジンテンノウ》　比売神《ヒメカミ》
神功皇后《ジングウコウゴウ》　仁徳天皇《ニントクテンノウ》

DATA
北澤八幡神社
創建／1469～1487年（文明年間）
本殿様式／八幡造
住所／東京都世田谷区代沢3-25-3
交通／京王・小田急線「下北沢駅」から徒歩15分、京王線「池ノ上駅」から徒歩8分　参拝時間／自由
御朱印授与時間／10:00～16:00
URL https://kitazawamatsuri.wixsite.com/kitazawahachiman

お守り

多くの仲間との願い事を成就に導く「夢叶う守」はきれいなレース製（1000円）

進化する「現代の神社」

東京

赤城神社

【あかぎじんじゃ】

隈研吾氏の設計によるモダンな社殿が印象的。鎌倉時代に群馬県赤城山麓の豪族・大胡氏《おおごし》がこの地に移住した際、赤城の鎮守を分祀したのが最初です。御祭神は火防、商売繁盛の磐筒雄命様と、女性の願いをかなえてくれる赤城姫命様。境内の螢雪《けいせつ》天神は学問芸術の神様。学習参考書を多く発行している旺文社の協力で社殿を竣工しました。

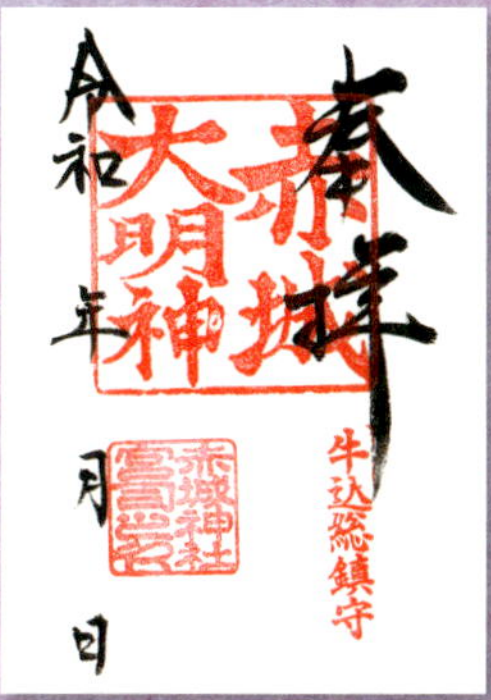

墨書／奉拝　印／牛込総鎮守、赤城大明神、赤城神社宮司之印　●牛込の総鎮守であり、日枝神社、神田神社とともに江戸三社とされています。境内社の螢雪天神の御朱印も頂けます（右）

墨書／奉拝　印／神紋の梅、螢雪天神、螢雪天神印

御朱印帳

御朱印帳（御朱印込み2000円）は「雪うさぎ」など3種

加賀白山犬と呼ばれるユニークな狛犬

主祭神

磐筒雄命《イワツツオノミコト》　赤城姫命《アカギヒメノミコト》

DATA
赤城神社
創建／1300（正安2）年
住所／東京都新宿区赤城元町1-10
交通／地下鉄「神楽坂駅」から徒歩1分
参拝時間／自由
御朱印授与時間／9:00～17:00
URL https://www.akagi-jinja.jp/

みんなのクチコミ!!

境内の「あかぎカフェ」ではランチやディナーが楽しめます（ご近所）

東京

大國魂神社

【おおくにたまじんじゃ】

武蔵を拓いた強力パワーの頼れる守護神

東京・埼玉・神奈川の広域エリアを守護する武蔵総社。源頼朝が妻・政子の安全祈願をしたことでも有名。

主祭神は武蔵野を開拓し、人々に衣食住の道を開き、医術も授けた武蔵国の守り神。土地との結びつきが強い神様なので特に東京・埼玉・神奈川の住人は参拝すれば御利益大です。また、出雲大社の主祭神と同じ神様なので縁結び、招福の御利益で昔から有名です。拝殿の隣にある「水神社」は体を浄化し身体を健康にする神様。お水取りもできます。

木造の門としてはまれにみる大きさ

随神門は2011年の改築。高さ8.5m、幅25m。檜造りで屋根は銅板葺き、正面には随神像、背面には恵比寿大国像が納められています

主祭神

大國魂大神《オオクニタマノオオカミ》

みんなのクチコミ!!

摂社の宮之咩《みやのめ》神社は芸能の神様をお祀り。女子力アップが期待できるとのウワサ（さあちゃん）

墨書／奉拝、武蔵総社、大國魂神社　印／大國魂神社印、大國魂神社社務所印　●総社とは7世紀、全国の国府（昔の役所が置かれた都市）の近くに鎮座した寺や神社のことをさします

御神木は樹齢1000年といわれる大イチョウ。参道は緑豊かなケヤキ並木。樹木のパワーもいただけます

随神門の両脇にある亀石・鶴石は鳥居の前身ともいわれ、「江戸名所図会」にも描かれる歴史深いもの

お守り

厄除けの御利益があるとされる鳥が描かれたお守り（800円）

お守り

大黒様が持っている小槌の形をした開運のお守り（800円）

DATA

大國魂神社

創建／111（景行天皇41）年頃
本殿様式／流造
住所／東京都府中市宮町3-1
交通／JR・京王線「府中駅」から徒歩5分
参拝時間／4月1日～9月14日 6:00～18:00
9月15日～3月31日 6:30～17:00
御朱印授与時間／9:00～17:00
URL https://www.ookunitamajinja.or.jp/

神社の方からのメッセージ

大國魂大神は出雲の大国主命と御同神で、古くより、源氏、北条氏、足利氏をはじめ武家の信奉を集めてきました。現在の本殿は4代将軍・徳川家綱の命により完成したもので、後に修理を行っていますが、建立当時の姿を残しています

年間行事でもっとも有名な祭事が4月30日～5月6日に行われる「くらやみ祭」です。祭のメインは5月5日。18時、花火の合図とともに6張の大太鼓が打ち鳴らされ、太鼓に導かれた8基の神輿が担ぎ手により、神社から御旅所まで巡行します

総合運

八方塞がりになる前に行くべし！

全国で唯一、八方除《はっぽうよけ》の神様をお祀り。
相模國一之宮として1600年の歴史を誇ります。

神奈川

寒川神社

【さむかわじんじゃ】

古くは源頼朝や武田信玄、徳川家代々からも信仰されてきた、歴史深い神社。御祭神は地相・家相・方位などが原因で降りかかる、あらゆる災難を取り除いてくれる「八方除」の神様。頂く御朱印には「八方除」の印が。人間関係や仕事、学業などで行き詰まった時や落ち込んだ時にお参りすれば活力を頂けると言われています。

主祭神

寒川比古命《サムカワヒコノミコト》　寒川比女命《サムカワヒメノミコト》

拝殿右脇には方位盤と渾天儀が

渾天儀《こんてんぎ》は古代中国から伝わった天体観測に用いられた観測器。龍は天空を支えるという故事にちなみます。方位盤からは鬼門の方向がわかります

墨書／寒川神社　印／三ツ巴 八方除、相模國 一之宮 寒川神社、浜降祭で神輿の下に敷く花「はまごう」
●相模國は現在の神奈川県のこと。周辺を開拓した神として尊敬を集め、一之宮という高い格式を誇っています

お守り

八方除 幸運《しあわせ》を呼ぶお守り。袋型とカード型があり、御利益別の全5色から選べます（各1000円）

重層の門がどっしりとした構えを見せる神門。1993（平成5）年の竣工

お守り

玄関や神棚にお祀りする災難除けの「大祓守」（1000円）

お守り

「厄難除氣守」は邪気を祓い、よい気を呼び込む災難除け・厄除けのお守り（各500円）

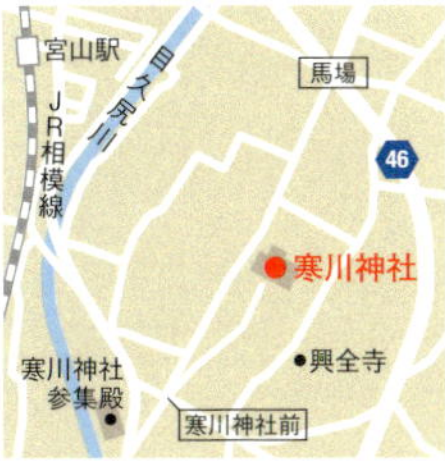

DATA

寒川神社

創建／不明
本殿様式／流造り
住所／神奈川県高座郡寒川町宮山3916
交通／JR相模線「宮山駅」から徒歩5分
参拝時間／自由
御朱印授与時間／8:00～17:00
URL https://www.samukawajinjya.jp

＼神社の方からのメッセージ／

社伝によると5世紀の雄略《ゆうりゃく》天皇《てんのう》の頃から、信仰を集めていたそう。毎年9月19日には天下太平・五穀豊穣を祈念して流鏑馬《やぶさめ》神事が開催され、翌20日は例祭で氏子が多数参列。奉納演芸、献茶など神賑行事が行われます

本殿の奥にある神嶽山神苑は、池泉回遊式庭園で、抹茶とお菓子が楽しめる茶屋もあります。苑内は清浄さが常に保たれ、本殿で御祈祷を受けた人しか入れません。それでも入る価値がある美しく神聖な庭園で、日常の忙しさを忘れ、ゆったりと過ごせます

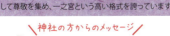

星王パワーで悪星退散・開運招福！

主祭神は天の星、人の星（運命）、すべての星を司る星王。厄除開運に絶大なパワーを発揮してくれます。

千葉

千葉神社【ちばじんじゃ】

主祭神

北辰妙見尊星王《ホクシンミョウケンソンジョウオウ》

御祭神は天の中央を守護し、すべての星の中心である北極星の神様。神紋は月星紋ですが、「月」は「ツキ」、「星」は「勝ち星」につながるとして、大事な勝負や決断の前に祈願すれば力をくれると大勢の人が訪れています。災いをもたらす悪星を取り除き、福を招くだけでなく、男女の星を巡り合わせ、結びつけるパワーもあり！

太陽と月の神の力を授かる尊星殿

太陽の力を集める日天楼では陽気と活力を授かり、月の力を集める月天楼では体の浄化と長寿の御利益を授かることができます

社殿と天神社の間には「北辰石・三光石・四拾五縁石」と彫られた御力石があり、触ると縁結びなどのパワーが頂けるとか

墨書／奉拝　印／神紋と社紋の印、千葉神社
●「月星紋」とも呼ばれる神紋・三光紋と社紋の九曜紋を重ねた神社を象徴する印が押されています。このほか初詣限定の御朱印も（P.15）

墨書／奉拝　印／千葉天神
●摂社・千葉天神の御朱印も。印は天神様の神紋、星梅鉢を表しています

御朱印帳

天の川に北極星を配したロマンティックな御朱印帳（1500円）

DATA
千葉神社
創建／1000（長保2）年
本殿様式／流造
住所／千葉県千葉市中央区院内1-16-1
交通／JR「千葉駅」から徒歩10分
参拝時間／6:00～18:00
御朱印授与時間／9:00～17:00
URL https://www.chibajinja.com

＼神社の方からのメッセージ／

境内にある妙見池の水源となっているのが「妙見延寿の井」です。古くから一願成就の霊泉として知られ、ひと口いただけば慶事を授かるといわれています。お水は自由に取水できますが、御神水なのでひとり2ℓまでとしています

例大祭「妙見大祭《みょうけんたいさい》」は毎年8月16日～22日に開催されます。1127（大治2）年に始まって以来、一度も途切れることなく続いています。ユニークなのは神輿の担ぎ方。境内では肩に担ぐことが許されず、両手で高く差し上げるか、ひざ下で持つかの2通りのみとなります

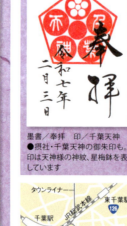

仲睦まじい夫婦神に縁結びをお願い！

埼玉

武蔵一宮 氷川神社

【むさしいちのみや ひかわじんじゃ】

氷川神社の総本社は2000年以上の歴史を誇る古社。3万坪の敷地を持ち、社殿には格式が感じられます。

一の鳥居から続く表参道は約2㎞。直線の参道としては日本一の長さだとか。三の鳥居の先には神池が広がります。神池は龍神が住んでいたという巨大な沼「見沼《みぬま》」の名残。どこか神秘的な力を感じます。神池にかかる神橋を渡り、楼門をくぐれば拝殿です。主祭神が夫婦と御子という家族神だからでしょうか、手を合わせると心が穏やかに和んでいくのがわかります。

関東屈指の大きさを誇る二の鳥居

木造の鳥居としては関東屈指の大きさ。明治神宮の大鳥居が落雷で破損し、新築されたため、破損した鳥居を1975（昭和50）年に移築したものです

主祭神

須佐之男命《スサノオノミコト》　稲田姫命《イナダヒメノミコト》

大己貴命《オオナムチノミコト》

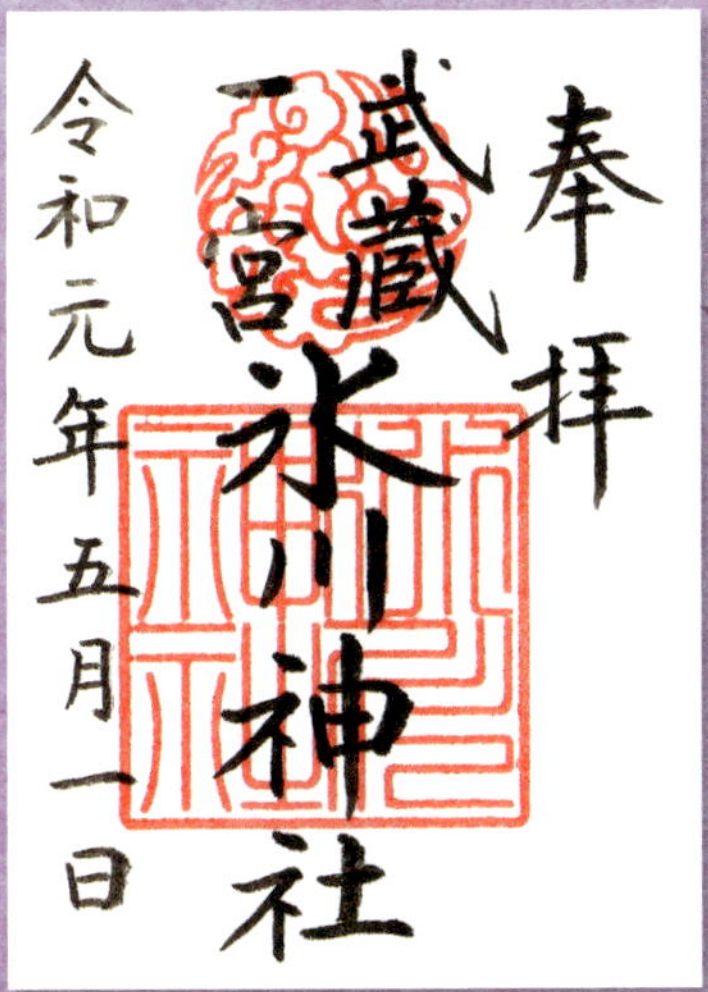

墨書／奉拝、武蔵一宮、氷川神社　印／神紋、氷川神社　●各地域の位の高い神社に与えられた一宮の名前が堂々と。神紋は「八雲」で御祭神の須佐之男命が宮殿を建てた時に周囲に立ちこめた瑞雲を表します

神池には神域にある「蛇の池」から豊富な湧水が注がれています

みんなのクチコミ!!

地元では縁結びの御利益で有名。「縁結び守」もあります（とりの）

お守り

さまざまな災いから守ってくれるお守り（500円）

御朱印帳

そのほかの御朱印帳はP.22で紹介！

鮮やかな朱色の楼門が表紙の御朱印帳（御朱印込み2000円）

DATA

武蔵一宮 氷川神社

創建／紀元前473（孝昭天皇3）年
本殿様式／流造
住所／埼玉県さいたま市大宮区高鼻町1-407
交通／JR「大宮駅」東口から徒歩15分
参拝時間／春・秋5:30～17:30、夏5:00～18:00、冬6:00～17:00
御朱印授与時間／8:30～16:30
URL https://musashiichinomiya-hikawa.or.jp/

神社の方からのメッセージ

例大祭は毎年8月1日に行われ、神橋前には山車や神輿が勢揃いします。最も有名な神事は11月30日～12月11日の大湯祭です。12月10日の本祭では福熊手、福財布、福種銭を授与。境内には酉の市が立ち、にぎわいます

横浜の山下公園に係留されている日本郵船の「氷川丸」。この船名は氷川神社から名付けられました。船内には神棚が設けられ、氷川神社の御祭神が祀られ、船内の装飾には神紋である「八雲」があしらわれています。氷川丸は1930（昭和5）年に誕生、11年間で太平洋を146回横断しています

偕楽園に隣接、御祭神は黄門様

茨城

常磐神社【ときわじんじゃ】

明治の初め、徳川光圀《みつくに》公、斉昭《なりあき》公を慕う人々が偕楽園のなかに祠を設けたのが起源。水戸の空襲で一度焼失しましたが、1958（昭和33）年に現在の社殿が再建されました。末社の三木神社は光圀公育ての親、水戸藩家老・三木夫妻を祀り、子育て、家庭円満の御利益があります。

主祭神

高譲味道根命《タカユズルウマシミチネノミコト》

押健男国之御楯命《オシタケオクニノミタテノミコト》

墨書／水戸　印／偕楽園、葵紋、常磐神社　●水戸藩は徳川御三家のひとつ。そこで、葵の紋が押されています。摂社・末社の御朱印もあります（右）

印／常磐神社境内社巡拝、東湖神社、三木神社、常磐稲荷神社、常磐水神社、常磐神社末社之印

お守り

印籠守（各2000円）は時代劇「水戸黄門」でおなじみのフォルム

御朱印帳

御祭神の愛した梅の花があしらわれた御朱印帳（1500円）

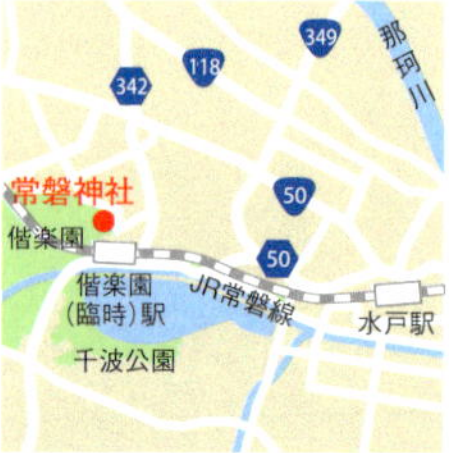

DATA

常磐神社

創建／1874（明治7）年

本殿様式／神明造

住所／茨城県水戸市常磐町1-3-1

交通／JR「水戸駅」から関東鉄道バスで15分「偕楽園」下車、徒歩3分

参拝時間／8:00～17:00

御朱印授与時間／9:00～16:00

URL https://komonsan.jp/

短い言葉でも願いをかなえてくれる

茨城

一言主神社【ひとことぬしじんじゃ】

開運、招福、病気平癒など、短い言葉で祈願しても、内容を理解して御利益を授けてくれる「万能神」として信仰を集めています。一言「良縁成就」と祈願をしたら、トントン拍子に結婚へと進んだカップルがいたそう。境内の縁結社《えんむすびしゃ》は良縁が得られると評判です。

主祭神

一言主大神《ヒトコトヌシノオオカミ》

墨書／奉拝、下総之國三竹山鎮座、一言主神社　印／社紋、三竹山一言主神社、一言主神社社掌印　●三竹山は雪の日に生じた筍から3つに枝分かれした竹が出現した縁起を表します

お守り

「結守」「縁守」は良縁に恵まれるよう祈願したお守り（各800円）

御朱印帳

波に月、花が刺繍され日本情緒あふれるきれいな表紙（1500円）

DATA

一言主神社

創建／809（大同4）年

本殿様式／流造

住所／茨城県常総市大塚戸町875

交通／つくばエクスプレス「守谷駅」から車25分、関東鉄道常総線「水海道駅」から車15分

参拝時間／自由

御朱印授与時間／8:30～17:00

URL https://www.hitokoto.or.jp/

みんなのクチコミ!!

毎月第三日曜は境内で骨董市が開かれています！ 県内最大級の市なので、お宝が見つかるかも！？（Sa-Wa）

境内全域、強大な天狗パワー横溢！

清々しい高原の空気に包まれる境内では御祭神の使者「天狗」にあちらこちらで出会えます。

栃木

古峯神社

【ふるみねじんじゃ】

御祭神
日本武尊《ヤマトタケルノミコト》

天狗は災いを除く強いパワーをもっているとされています。別名「天狗の社」とも呼ばれるように拝殿や廊下には天狗像、天狗面、扁額などが並びます。御神宝も江戸初期の制作と伝わる高さ1・7m程の大天狗面と烏天狗面。天狗関連の授与品も多くあります。また、バラエティに富んだ多数の天狗の御朱印も有名。詳細はP.19「御朱印ギャラリー」で紹介しています。

深山巴の宿
勝道上人《しょうどうしょうにん》修行の地といわれ、巴形に清水が湧き出る池があり、現在では禊場としても使われています

峯の池を中心に、峯松庵《ほうしょうあん》や四季折々の風景が美しい「古峯園」（大人500円）

神社拝殿に納められている「大天狗」の木像は迫力あり

墨書／奉拝、古峯ヶ原、古峯神社、祥福、大天狗　印／崇敬古峯社、古峯神社、峯
●手書き・印刷と、天狗の絵のあり・なしを選べます。手書きの天狗御朱印は待ち時間が長くかかることがあります。掲載は一例で実際の絵柄は異なる場合があります

御朱印帳
御朱印帳（1500円）は天狗の団扇を地紋に配した表紙

お守り
災難を祓う天狗をモチーフにした御守り（800円）

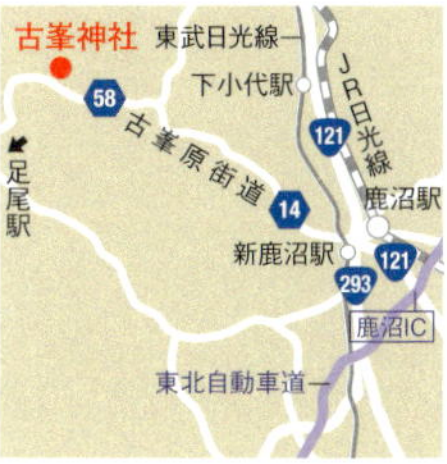

DATA
古峯神社
創建／680（天武天皇9）年
本殿様式／神明造
住所／栃木県鹿沼市草久3027
交通／東武日光線「新鹿沼駅」JR日光線「鹿沼駅」からバス1時間
参拝時間／8:00～17:00（拝殿内）
御朱印授与時間／8:30～16:00
URL http://www.furumine-jinjya.jp/

神社の方からのメッセージ

当社には「天狗の宿」として有名な宿泊施設があります。グループでも個人でも宿泊可能な大小の部屋を備えています。宿泊者は8時の御祈祷に参列していただけますが、皆さん、その厳かさは格別とおっしゃいます

神社から西へ約４㎞、標高1300mの地点に広がる古峰ヶ原高原。春にはレンゲツツジが美しく、秋の紅葉も見事です。また、ここからは男体山、女峯山、白根山、さらには富士山も見渡せ、雄大な眺望が楽しめます。ハイキングコースが整備されています

県内の全神社を参拝するのに等しい

群馬

上野総社神社

【こうずけそうじゃじんじゃ】

群馬県の総鎮守。こちらにお参りするだけで県内すべての神社に参拝したということに等しいそう。もちろん、パワーも絶大。境内には古木が多く、樹齢800年の御神木は触れると厄除け、良縁に恵まれると人気です。本殿北側の稲荷社も所願成就の御利益あり。

墨書／奉拝、上野総社神社　印／上野國総社、インコの印、社紋、上野國総社神社之印　●総社神社とはその地方の神様を合祀した神社のこと

御朱印帳

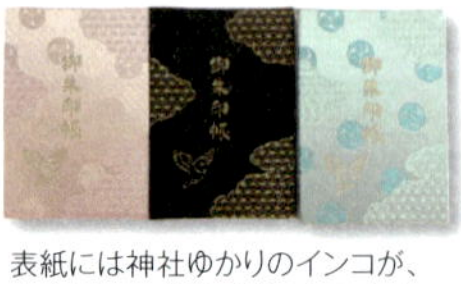

表紙には神社ゆかりのインコが、裏表紙には社殿が描かれた御朱印帳（各1500円）

筒粥《つつがゆ》・置炭《おきすみ》神事は1月15日に行われる神事。米粉で煮た粥でその年の作物の豊凶を占い、粥を煮るのに使った炭の燃え方で天候を占います

DATA

上野総社神社

創建／紀元前50（崇神天皇48）年

本殿様式／三間社流造（極彩色）

住所／群馬県前橋市元総社町1-31-45

交通／JR「新前橋駅」から徒歩15分

参拝時間／自由

御朱印授与時間／9:00～17:00

URL https://www.net-you.com/souja/

主祭神

経津主命《フツヌシノミコト》

上野国内549柱の神々

みんなのクチコミ!!

きつねの置き物に願いを書く「願掛けきつね」（400円）がかわいい!（こん）

境内のすべてに開運パワーがみなぎる

群馬

一之宮貫前神社

【いちのみやぬきさきじんじゃ】

総門から社殿までは珍しい下り参道。石段を下っていくとパワーがどんどん本殿に集中していくような感覚があります。本殿はうるし塗の極彩色の華麗な装飾が見どころ。参拝すれば邪心を祓い、運気をアップさせてくれる御祭神の力が降り注ぐようです。

墨書／一之宮貫前神社　印／上野國一之宮、上野國一宮貫前神社、無事、勝ちガエル、貫前神社　●上野國とは群馬県のこと。「一之宮」として崇敬されてきました

お守り

交通安全の「無事かえる」（1500円）はさまざまな事故から守ってくれます

御朱印帳

御朱印帳（2000円）は下り参道から見た楼門

DATA

一之宮貫前神社

創建／531（安閑天皇元）年

本殿様式／貫前造

住所／群馬県富岡市一ノ宮1535

交通／上信電鉄「上州一ノ宮駅」から徒歩15分

参拝時間／自由

（楼門開門は6:00～17:00）

御朱印授与時間／9:00～16:30

URL http://nukisaki.or.jp/

主祭神

経津主神《フツヌシノカミ》　姫大神《ヒメオオカミ》

まだまだあります！

編集部オススメ！授与品

神社ではお守り、お札、おみくじなどさまざまな授与品があります。これらは神職が祈りを捧げ、神様のパワーを封じ込めたもの。編集部に集まったさまざまな授与品のなかから、オススメをピックアップします！

烏森神社 P.65　心願色みくじ

占いたい運により4色に色分けされた独自のおみくじです。恋愛運は赤、金運・幸運は黄、厄払いと仕事運は青、健康運は緑を引きます。

購入するとこちらの3点が頂けます！

カラフルな心願色みくじ（下・500円）と願い玉（上）はお守りとして持ち帰る

この紙にお願いごとを書いて境内に結ぶとかなうとか！

編集部のクチコミ

特に金運が当たると評判。さらに願い玉を身につけて宝くじを買ったら高額当選したという人も多いらしい

田無神社 P.66　五龍の授与品

境内に白龍、黒龍、赤龍、青龍、そして黄金の龍が祀られている神社ならでは。五色の授与品を頒布

「五龍神御幣」は御祈祷を受け、初穂料を1万円以上納めると授与される五龍神のお力の籠もった厄除けや運気向上、健康長寿などを願うもの。神棚やお部屋にお祀りしましょう

「五龍神守」（700円）の御利益は色によって異なります。境内の五柱の龍神様にもお参りを

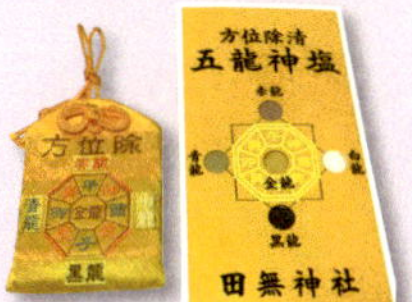

生まれた年の星回りや転居・旅行などの先の方位を守ってもらう方位除祈祷を受けると授与される特別なお守りとお清めの塩

編集部のクチコミ

神社で引くことができる「縁結びおみくじ」には鈴が入っています。ふたつ入っていると「恋愛成就間違いなし」とか！

赤城神社 P.67　狛犬

玄関にお祀りすれば厄を祓ってもらえる「狛犬」（2000円）

赤城神社 P.67　鬼太郎のお守り

「ゲゲゲの鬼太郎」の作者・水木しげるさんが、マンガのヒット祈願に訪れた縁で鬼太郎関連のお守りが充実

「ちゃんちゃんこ御守」（1000円）は災難除けのお守り

編集部のクチコミ

ほかにも縁結びや病気平癒、合格守などさまざまなお守りがありますが、どれもお守り袋がとてもキレイです

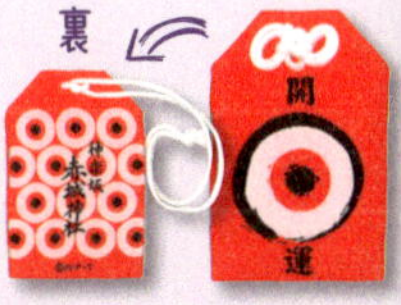

「目玉のおやじ御守」（1000円）は開運を祈願するお守り

ほかにもオススメのお守りや授与品がこんなにあります！

一言主神社 P.72
美しい鈴がついた「桜鈴守り」（600円）は幸運を呼ぶお守り

千葉神社 P.70
「厄除開運守」（800円）。お守りには月と星に因んだふたつの紋が織り込まれています

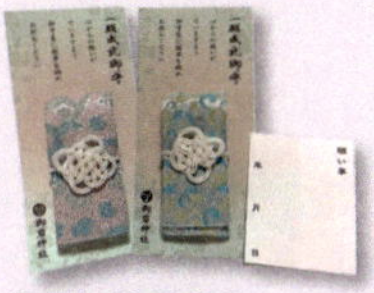

御岩神社 P.60
願いごとを紙に書き、お守りに納めて持ち歩く「一願成就御守」（各700円）

大宮八幡宮 P.65
「多摩の大宮水」（500円）は延命祈願をした御神水

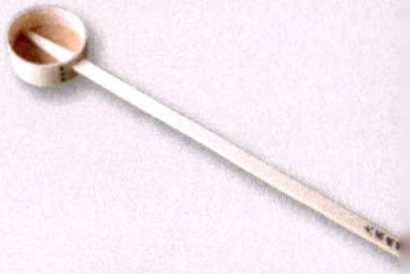

大國魂神社P.68
「柄杓」（1500円）に穴を開け、境内の宮乃咩《みやのめ》神社に奉納すると安産に

神社好きに聞いた！ とっておきの神社&御朱印

今まで訪ねた神社のなかで印象に残った神社や
御朱印、そしておすすめの神社を神社好きに聞きました。

File.1

代々木八幡宮(東京)

出世稲荷のパワーがすごい

渋谷に近いのに緑が多くて都会のオアシス的な感じ。境内奥の出世稲荷は有名人が仕事運アップのパワスポと紹介して一気にブレイクしました。私も転職を考えているときに参拝して、今の職場に。職場環境もお給料もぐっとよくなりました。

♥書体が数種類
御朱印の墨書が楷書体、崩し字など異なります

Point
御朱印は書き手によって社名の書体が違います。だから、頂くときにはどんな字かとても楽しみです。

26歳 パタンナー
まりりんさん

File.2

吉原神社(東京)

ユニークな御朱印がお気に入り

江戸時代にあった吉原遊郭の一角にあります。弁財天がお祀りされていて、赤い幟がはためいていてとても華やかな感じが好きです。縁結びに御利益があるので、境内は女性の姿が多いです。入谷駅から浅草までスカイツリーを見ながら歩けば15分ほどです。

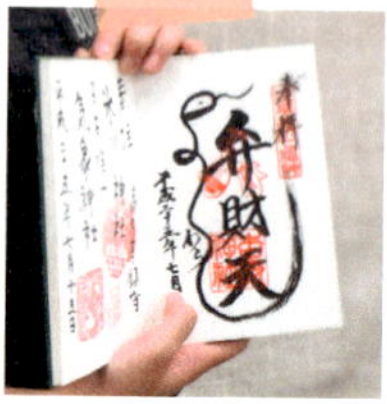

♥浅草名所七福神の御朱印
弁財天は七福神の御朱印。吉原神社の御朱印もあり

Point
御朱印は「よしわら」の「よ」の字が弁天様のお遣いの白蛇を表し、御祭神を守っているように見えます。

35歳 飲食店勤務
大門さん

File.3

靖國神社(東京)

境内に咲く500本の桜が見事

本殿の背後にある神池庭園がおすすめ。人も少なく静かで落ち着きます。7月の「みたままつり」で開催される「盆踊り大会」はすごいです。「東京の夏の風物詩」と呼ばれるほど、多くの参拝者でにぎわいます！　踊りの輪には飛び入り参加の外国人の姿も多いですよ。

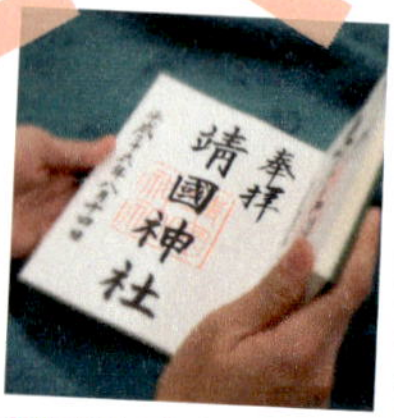

♥楷書体の御朱印
きちんとした楷書体が日本の軍人を祀る靖國神社らしい

Point
御朱印は拝殿右手の参集殿で頂けます。淡いピンクの地に桜を散らした模様の御朱印帳があります。

28歳 会社員
ちどりさん

File.4

川越熊野神社(埼玉)

御利益スポットがモリモリ！

参道両脇にある「足ふみ健康ロード」、「運試し輪投げ」、銭洗いができる「宝池」、豊富な種類のおみくじなどが、コンパクトな境内にギュッとパワースポットがつまっています！　縁結びの御利益もあるので、デートにもオススメ！

♥独特の書体が魅力の御朱印
「社」の書き方が特徴的で書き手のこだわりを感じる

Point
御朱印の真ん中に押された印は、熊野大神様のお使い・三本足の「ヤタガラス」。くりっとした目がかわいい〜♥

34歳 図書館司書
にゃもタンさん

第三章

御利益別！ 今行きたい神社

Part 2

縁結び

恋愛成就はもちろん、夫婦円満、友情を深めたい、よい仕事と出合いたい……など、さまざまなご縁のお願い、かなえましょ♥

◆★縁結び★絶対行きたいオススメ神社３選
出雲大社東京分祠（東京）／東京大神宮（東京）／櫻木神社（千葉）

◆明治神宮（東京）

◆今戸神社（東京）

◆芝大神宮（東京）

◆東叶神社／
西叶神社（神奈川）

◆走水神社（神奈川）

◆江島神社・江島弁財天（神奈川）

◆龍口明神社（神奈川）

◆川越氷川神社（埼玉）

◆川越八幡宮（埼玉）

◆冠稲荷神社（群馬）

◆【夫婦和合】乃木神社（東京）

◆まだまだあります！ 編集部オススメ！ 授与品

❤縁結び❤ 絶対行きたいオススメ神社 3選

国内最強の縁結び神社から最良のご縁を頂く！

出雲大社東京分祠、東京大神宮、そして櫻木神社の御祭神は愛を授け、幸福を招くパワーの強さで国内でも最強を誇る神々。参拝には御利益の絶大さを聞きつけた女子の大行列ができるほど。神職が良縁祈願を込めて授与する御朱印にも縁結びパワーがあふれています。

絶対行きたい オススメ神社 1

国内最強の縁結びの神様をお祀り

島根県出雲市にある出雲大社は縁結びの聖地。同じ御利益が東京・六本木の分祠で頂けます。

東京

出雲大社東京分祠【いずもたいしゃとうきょうぶんし】

出雲大社は縁結びの神オオクニヌシノミコトをお祀りし、旧暦10月には日本中の神様を集め、縁結びの会議を開くという聖地です。その出雲大社と同じ御利益が頂けるのは東京で唯一、東京分祠だけ。御朱印右上の「幸魂奇魂守給幸給」は「人を幸せにし、諸願を成就させる神が幸運を授与し守ってくれる」という意味。縁結びのパワーが御朱印にも込められているのです。

創設は明治初期と歴史は古い

鉄筋コンクリート3階建てのビルが社殿です。東京分祠は1878（明治11）年神田に。その後、麻布に分祠を建て、さらに1982（昭和57）年、現在地に移転しました

階段を上ると、左手に祓社があります。参拝前に立ち寄って心身をお清めしましょう

墨書／奉拝、出雲大社東京分祠　印／幸魂奇魂守給幸給、出雲大社東京分祠、縁　●愛と平和のパワーを授けてくれる御祭神を表す印です。「縁」は男女の仲だけでなく家族、友人、仕事などあらゆる縁を指します

主祭神

オオクニヌシノミコト
大国主命

ほかにも厄除け、開運、健康などの御利益が……

取材スタッフのこぼれ話

コンクリート打ち放しというスタイリッシュな社殿です。拝礼は普通、二拝二拍手一拝（P.29参照）ですが、ここは出雲大社と同じ二拝四拍手一拝で行います。

御朱印帳

御朱印帳（1800円）は赤色と青色があり、表紙は島根の出雲大社御社殿が描かれています

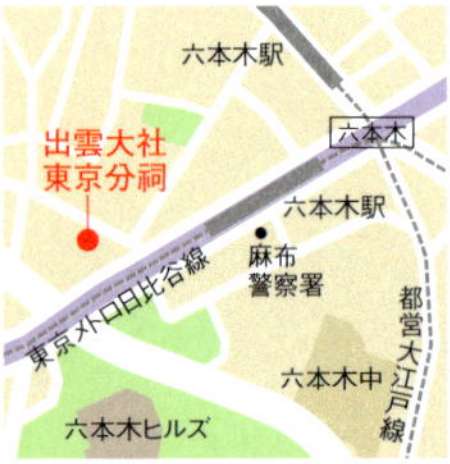

DATA

出雲大社東京分祠

創建／1878（明治11）年
住所／東京都港区六本木7-18-5
交通／地下鉄「六本木駅」から徒歩1分、大江戸線「六本木駅」から徒歩3分
参拝時間／9:00〜17:00
御朱印授与時間／9:00〜17:00
URL http://www.izumotaisya-tokyobunshi.com

＼神社の方からのメッセージ／

当社では毎月1日、15日に月次祭を行っています。祭事では皆さんの安泰と幸福を祈念し、参列者全員で謝恩《しゃおん》詞《じ》・神語・幽冥《ゆうめい》神語を唱えます。どなたでも参列できます。祭の開始は毎回10時、5分前にお集まりください

夏には七夕に幸せな縁結びを祈る短冊を無料で配っています。配布開始は7月1日の月次祭・七夕奉告祭終了後です。頂いた短冊には願いごとを書いて笹に結びます。また、7月7日の19時からは「七夕えんむすび祭」の神事があり、誰でも自由に参列できます

絶対行きたい
オススメ神社 2

「東京のお伊勢さま」で良縁祈願！

伊勢神宮と同じ御祭神。縁結びの御利益で評判が高く、いつも参拝者でにぎわっています。

東京

東京大神宮
【とうきょうだいじんぐう】

日本最高位の神様を祀る伊勢神宮(三重県)を東京から拝むための遥拝殿《ようはいでん》として創建。御祭神は伊勢神宮と同じ。また万物の結びの働きを司る神様も祀られ、日本で最初に神前結婚式を行った神社であることからも縁結びの御利益で広く知られ、参拝者の長い行列ができるほど。縁結びのお守りや御朱印もあり、参拝の記念として受ける方も多いようです。

主祭神

天照皇大神《アマテラススメオオカミ**》** 豊受大神《トヨウケノオオカミ》

ほかにも厄除け、開運、家内安全などの御利益が……

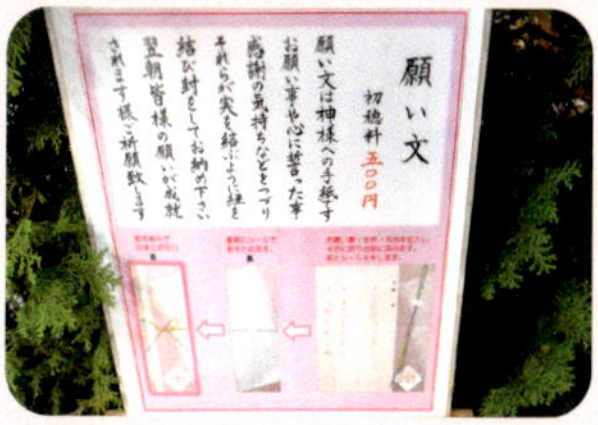

神様に願いを届ける願い文

「願い文」(500円)は願いごとを書き、願いがかなうように思いをこめて紐を結びます。これを奉納すると神前に納めてもらえます

墨書／奉拝、東京大神宮　印／東京大神宮　●創建当初、日比谷にあった頃は日比谷大神宮、現在地に移ってから飯田橋大神宮となり、戦後に現在の東京大神宮という社名になったそうです

「恋みくじ」(200円)は和紙人形が付いたおみくじ。恋のアドバイスが当たると評判

御朱印帳

蝶と桜の絵柄が人気。どちらも優しいパステルカラーで雅やかな趣(各1200円)

取材スタッフのこぼれ話

午前中が比較的すいています。神門の扉をよく見るとハート形の装飾があるはず。これは「猪目」という魔除けです。撮影してスマホなどに保存しておくと恋愛が成就するらしい……。

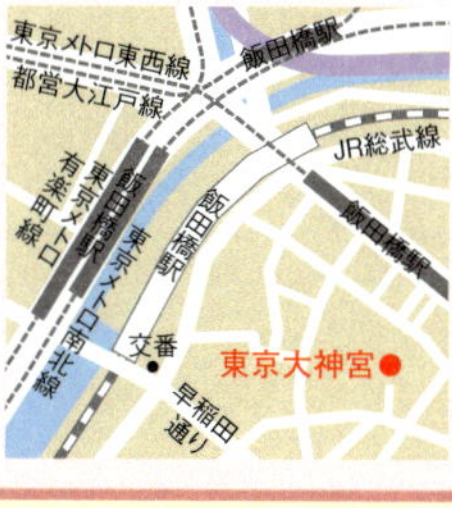

DATA

東京大神宮

創建／1880(明治13)年
本殿様式／神明造
住所／東京都千代田区富士見2-4-1
交通／JR・地下鉄「飯田橋駅」から徒歩5分
参拝時間／6:00〜21:00
御朱印授与時間／9:00〜17:00
URL https://www.tokyodaijingu.or.jp/

神社の方からのメッセージ

その年によって日程は変わりますが、春には「雛まつりの祓」を斎行しています。心願成就と無病息災を願う神事でどなたでも参列できます。また2月初旬〜3月3日までは願いごとが書き込める「雛まつり形代」を用意しています

毎年、七夕には「七夕祈願祭」が行われ、6月1日〜7月7日まで短冊が授与されます。短冊が結びつけられた笹竹は7月1日〜7日までライトアップされます。※変更の場合あり。事前に神社へ確認を

絶対行きたい オススメ神社3

千葉

櫻木神社

【さくらぎじんじゃ】

イザナギ、イザナミの夫婦神が良縁をサポート

平安時代から桜の宮とも称えられてきた古社。創建の際、桜の大木があったのが社名の由来。

主祭神

倉稲魂命《ウカノミタマノミコト》　武甕槌命《タケミカヅチノミコト》

伊弉諾尊《イザナギノミコト》　伊弉冉尊《イザナミノミコト》

ほかにも勝運、開運などの御利益が……

四柱の御祭神は生命を守り、男女の縁を結び、さらには子孫繁栄に導くという強大なエネルギーの持ち主です。また、神社の境内は古代から、桜が多く自生し、「桜の宮」と呼ばれ、神がすむ土地とされてきました。そのうえ、桜は男女の仲を花開かせる縁起のよい花ともされています。まさに境内全域が縁結びのパワースポットといえるでしょう。

神様が祀られた美しいトイレ

トイレを生存に関わる大事な場所と位置づけて設計された「KAWAYA」は日本トイレ協会2012グッドトイレ審査員特別選奨受賞。トイレの神様「川屋神社」を祀り、ほっとする空間です

墨書／下総國のだ、櫻木神社、奉拝　印／月落ち櫻、櫻木神社之印、中陰櫻飛び蝶　●書き置きのみ。季節ごとの色文字に社名印、または社紋印が押印された御朱印と、墨文字に季節ごとの桜が押印された御朱印の3種類があります

そのほかの御朱印はP.6、18、19で紹介！

墨書／下総國のだ、櫻木神社、奉拝　印／葉付き三つ櫻丸、社紋、糸菱に覗き陰細櫻

御朱印帳

そのほかの御朱印帳はP.23で紹介！

華麗な装丁の「桜の木」の御朱印帳（1800円）

取材スタッフのこぼれ話

3月から頒布される春限定の御朱印帳がステキです。人気で、頒布後、数週間で完売してしまうこともあるので販売日をウェブサイトでチェックしてなるべく早く行ったほうが◎。

DATA

櫻木神社

創建／851（仁寿元）年　本殿様式／神明造
住所／千葉県野田市桜台210
交通／東武アーバンパークライン「野田市駅」から徒歩10分
参拝時間／6:30〜17:00
御朱印授与時間／9:30〜15:30
URL https://sakuragi.info/

神社の方からのメッセージ

当社の例大祭は毎年4月17日に行われます。この日は御本殿の御扉が開かれて祭典が斎行され、祭典終了後には普段は立ち入れない奥宮本殿への参拝が許されます。境内には遅咲きの桜が咲き誇り、多くの参拝者でにぎわいます

境内一円は古墳時代（3世紀〜7世紀頃）前期の古代祭祀に関係する遺跡です。発掘調査ではヒスイ、勾玉、管玉、剣先装飾品などが出土。なかには制作途中のものもあり、この地域がこのような石製品を制作する集団の工房跡ではなかったかと推測されています

結婚祈願なら夫婦楠から拝殿を参拝

初詣の参拝者数日本一。70万㎡の広大な森からはゆったりした自然のエネルギーをチャージできます。

東京

明治神宮【めいじじんぐう】

縁結び

境内は濃緑の樹木に覆われた都心のグリーンゾーンです。鳥の声が聞こえる参道を歩くと心が穏やかになっていくのがわかります。拝殿左側の2本並んで立つ夫婦楠は御神木。拝殿参拝後に、夫婦楠のうしろからも、再度、拝殿にお参りすると良縁に恵まれると言われています。御苑の清正井《きよまさのいど》もパワースポットとして有名です。

都会に広がる開放的な空間
北参道側にある芝生広場からの風景は、ここが都心であることを実感させてくれます。赤い屋根は宝物殿

主祭神
明治天皇《メイジテンノウ》 昭憲皇太后《ショウケンコウタイゴウ》

ほかにも国家安泰、皇室繁栄などの御利益が……

みんなのクチコミ!!

境内の樹木には杉は少なく樫や楠木が多いです。ベンチが多いのでゆっくり散策できます（ローリン）

墨書／奉拝、明治神宮　印／菊と五三桐の社紋、明治神宮　●社紋の菊の花びらの数は12枚。これは皇室の紋章と同じ16枚にするのを遠慮したためだそうです

御朱印帳

御朱印帳（1500円）は開くと御祭神名とおもな祭典日が書いてあります

お守り

「心身健全守(平型)」(1000円)はカバンやお財布のなかに入れやすいサイズ

明治神宮ミュージアムは、明治天皇・昭憲皇太后ゆかりの品々を末永く保存、展示するために建てられました。企画展示室では、定期的に展示替えをし、特別展・企画展を開催しています。
開館／10:00〜16:30（入館は閉館30分前まで）
休館日／毎週木曜日（但し木曜日が祝日の場合は開館）※展示替え期間も休館

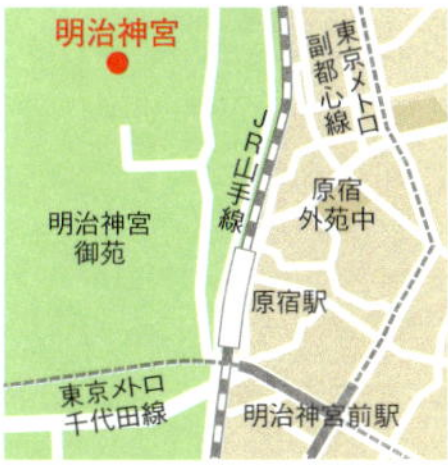

DATA
明治神宮
創建／1920（大正9）年　本殿様式／流造
住所／東京都渋谷区代々木神園町1-1
交通／JR「原宿駅」「代々木駅」、地下鉄「明治神宮前駅」「北参道駅」、小田急線「参宮橋駅」下車
参拝時間／日の出〜日没（時間は毎月異なる）
御朱印授与時間／9:00〜17:00
御苑入苑料（維持協力金）／500円
URL https://www.meijijingu.or.jp/

＼神社の方からのメッセージ／

境内の北に宝物殿があります。当社の創建と同時に建てられ、建物は奈良正倉院の校倉《あぜくら》造を模した、わが国初期の鉄筋コンクリート建築です。期間を限定して公開しています。公開時期は神社ホームページでお知らせします

神宮の森は創建時に全国から奉納された樹木を植えて造った人工の森。234種類の樹木があります。有料エリアの御苑は江戸時代、大名だった加藤家・井伊家の庭園跡。パワスポとして有名な清正井の清水は菖蒲田に注がれ、5月末から花菖蒲、夏期にはスイレンが美しい花を咲かせます

良縁成就のバックアップ態勢万全！

神社のシンボルは良縁や幸福を招くペアの招き猫。沖田総司終焉の地として新選組ファンにも有名。

東京

今戸神社【いまどじんじゃ】

彼氏募集中、婚活中なら参拝マストの神社です。御祭神は縁結びの強いパワーをもった夫婦神と福を授ける福禄寿。そして神社のある今戸は縁や幸せを招く招き猫発祥の地！ 縁結び最強神社といっても過言ではないでしょう。拝殿左側の招き猫の石像「石なで猫」はなでると諸願成就の御利益があるとか。宝くじが当たった人もいるそうです。

主祭神

應神天皇《オウジンテンノウ》 伊弉諾尊《イザナギノミコト》

伊弉冉尊《イザナミノミコト》 福禄寿《フクロクジュ》

ほかにも開運招福、金運向上などの御利益が……

丸い招き猫の絵馬

縁結びの縁を「円」とかけた丸い形、フチに赤い糸が描かれた「祈願絵馬」。境内の絵馬掛けも、木を中心にぐるっと円状に囲んでいます

墨書／奉拝、今戸神社　印／招き猫発祥の地、今戸神社、令和六年、福禄寿、今戸神社　●神主さんは現役のイラストレーター。御朱印のデザインも神主さん自身で考案したもので、かわいい印がたくさん

お守り

「懐中御守」は全体運アップの御利益あり（800円）

お守り

開運・厄除け・金運の願いが込められた「3連招き猫」（500円）

みんなのクチコミ!!

雷門から徒歩15分ぐらい。境内からスカイツリーも見えます（まる）

御朱印帳

御朱印帳（御朱印込み2000円）の表紙は本殿に安置されているペアの招き猫、裏は福禄寿

DATA

今戸神社

創建／1063（康平6）年　本殿様式／権現造
住所／東京都台東区今戸1-5-22
交通／地下鉄「浅草駅」から徒歩15分
参拝時間／9:00〜16:00
御朱印授与時間／9:00〜16:00
URL https://imadojinja1063.crayonsite.net/

神社の方からのメッセージ

出会いの場を提供しようと思い、「縁結び会」というお見合いの会を開催しています。開催してから10年近く経ちますが、今までに100組以上のカップルが誕生しています。お礼参りに来てくださる方も多く、そんな時はとてもうれしいです

新選組・沖田総司は池田屋事件等で活躍しましたが、薩長軍が江戸に押し寄せてきた頃には、結核が重症となり今戸八幡に居宮し治療を受け、没しています。今戸八幡は現在の今戸神社。境内に沖田総司終焉の地碑があります。碑の字は寄席文字で有名な橘右近さんです

希少なお守りで良縁をぐっと引き寄せる

職人手作りの小箱「千木筥《ちぎばこ》」は縁結びに御利益ありと江戸時代から人気のお守り。

東京

芝大神宮

【しばだいじんぐう】

主祭神は伊勢神宮の神様で縁結びのパワースポットです。女子に人気のお守りが千木筥。千木筥は江戸時代から続く縁起物の小さな箱で、千木が「千着」に繋がり、タンスに入れておくと衣装が増えるとされたのです。それがいつしか、良縁に恵まれ、幸せになれるというお守りになりました。職人の手作りなので売り切れもあるそうです。

主祭神

天照皇大御神《アマテラスオオミカミ》

豊受大御神《トヨウケノオオカミ》

ほかにも商売繁盛、金運、勝運などの御利益が……

かつて生姜畑だった名残「生姜塚」

毎月1日前後に頒布される「御膳《ごぜん》生姜《しょうが》」は生姜の和菓子や生生姜。これを食べると風邪を引かず、健康に過ごせるとか。常時授与している「生姜飴」(300円)も美味

墨書/奉拝、芝大神宮　印/芝神明、元准勅祭十社之内、芝大神宮　●9月の例大祭の期間にはこの御朱印に「太良太良(だらだら)まつり」の印が押された御朱印が授与されます。御朱印は500円。生姜飴と栞も頂けます

とても希少なため買えたら超ラッキー!!

お守り

千木筥は藤の花が描かれた高さ12cmほどの木箱

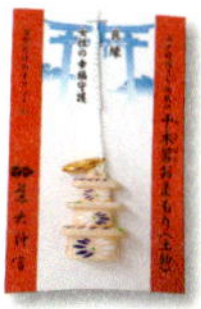

お守り

千木筥が手に入らなくても、ご安心を! 同じ御利益が頂ける「千木筥おまもり」は小さくてかわいいストラップタイプ

御朱印帳

御朱印帳は日光杉並木の古材を使用している

千木筥の印

木製の御朱印帳には千木筥の御朱印が押されている!

お守り

財布に入れられるカード型の「結婚成就守」

DATA

芝大神宮

創建/1005(寛弘2)年

本殿様式/神明造

住所/東京都港区芝大門1-12-7

交通/地下鉄「大門駅」から徒歩1分、JR「浜松町駅」から徒歩5分

参拝時間/9:00~17:00

御朱印授与時間/9:00~17:00

URL https://www.shibadaijingu.com/

神社の方からのメッセージ

当社では厳粛な雰囲気のなかにも、和やかで華やかな神前結婚式を執り行っています。また11月中旬から2月中旬までは一日1組限定で篝《かがり》火《び》に包まれての「篝火挙式」を行っています

例大祭は毎年9月11日~21日までの11日間。祭の期間が長いことから「だらだらまつり」の別名があります。また、生姜市が立ったことから「生姜祭」とも呼ばれます。神輿渡御《みこしとぎょ》では大門交差点付近に各町の神輿が集まり、神社へと練り歩きます

東と西、両社参拝で恋がかなう!

海を挟んで立つふたつの神社を渡し船で参拝。お守り袋と勾玉を頂いて、良縁成就のお守りのできあがり。

神奈川

東叶神社【ひがしかのうじんじゃ】
西叶神社【にしかのうじんじゃ】

主祭神
誉田別命《ホンダワケノミコト》

主祭神
八幡大神《ハチマンオオカミ》

ほかにも勝運、厄除け、所願成就の御利益が……

社名に『叶う』という字が使われているのは全国でこの2社だけです。東叶神社の御利益スポットは奥の院。ここまで「恵仁志坂(えにしさか)」と「産霊坂(むすびざか)」を上って参拝すると「えにしがあって結ばれる」という強力な御利益が頂けます。参拝後は必ず、お守り袋を購入して、西叶神社へ。渡し船で海を渡れば西叶神社側の港に着きます。西叶神社は、源氏再興を祈願し、願いがかなったことから「叶大明神」と呼ばれるようになりました。祈願成就の力をもらえる神社なのです。社殿には緻密で力強い彫刻が施されています。縁結びのお守りは「勾玉」で水晶、ヒスイ、紅水晶と3種類あります。ピンときた石を購入しましょう。この石を東叶神社で購入したお守りの袋に入れると恋愛成就の御利益ありのお守りに。もちろん、仕事や友人との良縁祈願もかなえていただけます。

繊細な彫刻が見事な西叶神社の社殿

1842(天保13)年に再建された社殿は総檜造。社殿内外の彫刻は安房を代表する彫刻師・後藤利兵衛義光の最高傑作とされています

DATA
西叶神社
創建/1181(養和元)年
本殿様式/権現造
住所/神奈川県横須賀市西浦賀1-1-13
交通/京浜急行「浦賀駅」から京浜急行バス3分「紺屋町」から徒歩1分
参拝時間/自由
御朱印授与時間/8:30〜17:00
URL https://kanoujinjya.jp/

DATA
東叶神社
創建/1181(養和元)年
本殿様式/権現造
住所/神奈川県横須賀市東浦賀2-21-25
交通/京浜急行「浦賀駅」から徒歩15分
参拝時間/自由
御朱印授与時間/9:00〜17:00
URL http://www.redfoal9.sakura.ne.jp

神社の方からのメッセージ

叶神社は創建当時から氏子をはじめとする地域の人々とともに栄えてきました。江戸時代末期に下田から浦賀に奉行所が移されると、奉行は当社を尊崇し、春と秋の大祭には奉行みずからが参詣して、幣物を捧げました

幕末、幕府の使節として初めて太平洋を横断した咸臨丸。艦長・勝海舟は航海の無事を祈願して、東叶神社奥の院で断食修行を行いました。修行の地には標柱が立ち、海舟が使用した井戸が残っています。また、修行の際に着用していた法衣も東叶神社に保存されています

東と西を結ぶかわいい船に乗り、縁結びのお守りを完成させましょ!

東のお守り袋と西の勾玉が合体!

東叶神社で勾玉を入れる袋を頂きましょう!

西叶神社で勾玉を頂きましょう!

2社をつなぐ小さな船「ポンポン船」で移動して

両社を結ぶ「浦賀の渡し」は東浦賀と西浦賀を結ぶ市民の足。「ポンポン船」の愛称がある小船で片道約3分間。短い船旅ですが、造船所跡地のドックやクレーンが海から眺められ、潮風を感じてリフレッシュできます。両方の神社から渡し場へは徒歩4、5分。時刻表はなく、船着場の呼び出しボタンを押すと来てくれます。料金は大人400円、運行は7時～17時頃。ただし、悪天候の日や船の点検時は運休です。

東叶神社

墨書／奉拝、叶神社　印／横須賀東浦賀、叶神社印、叶神社社務所

御朱印帳

咸臨丸の太平洋横断の大胆な絵柄は勝海舟ゆかりの神社ならでは（2000円）

西叶神社

墨書／奉拝、叶神社　印／相州浦賀町宮下、社紋、叶神社印

御朱印帳

品のよい地色に桜の地紋、社紋を配した御朱印帳（2000円）

大事な人への愛があふれる聖地

神奈川

走水神社【はしりみずじんじゃ】

東国平定のために船を出したヤマトタケルノミコト。しかし、海が荒れて転覆しそうに。そこで妻のオトタチバナヒメが海に身を投げ、海神の怒りを鎮めました。御祭神は愛にあふれているのです。本殿から山道を登ると三つの境内社があります。パワースポットなので必ず、参拝しましょう。

墨書／奉拝、走水神社　印／相模国走水、勾玉のなかに相模國走水、走水神社　●勾玉の印は御祭神のオトタチバナヒメが身に付けていた勾玉にちなんでいるそうです

お守り

えんむすび守り（500円）は鈴や布地の色が一つひとつ違います

本殿の奥には神明社、須賀神社、諏訪神社が祀られ、神聖な雰囲気に包まれています

DATA

走水神社

創建／不明
住所／神奈川県横須賀市走水2-12-5
交通／京浜急行「馬堀海岸駅」から観音崎行きバス8分「走水神社」から徒歩2分
拝観時間／自由
御朱印授与時間／9:00～15:00
URL http://www12.plala.or.jp/hasirimizujinjya/

主祭神

日本武尊《ヤマトタケルノミコト》　弟橘媛命《オトタチバナヒメノミコト》

ほかにも商売繁盛、開運などの御利益が……

みんなのクチコミ!!

海に面した町・走水。嵐の静まった海を船が走るように進んだことから走水の地名が付いたそう（まあ）

縁結びは美人三姉妹におまかせ

辺津宮《へつのみや》、中津宮《なかつみや》、奥津宮《おくつみや》の三社からなる海の守護神。御祭神は良縁成就にも御利益ありの女神三姉妹です。

神奈川

江島神社・江島弁財天

【えのしまじんじゃ・えのしまべんざいてん】

3つのお宮に祀られているのは海の守護神で良縁成就の御利益を授ける三姉妹の女神。辺津宮には三姉妹の三女タギツヒメ、中津宮には二女イチキシマヒメ、奥津宮には長女タギリヒメを祀ります。三姉妹そろって江島大神とも呼ばれています。神社の象徴は弁財天。御朱印も弁財天の琵琶の印や、墨書が弁財天のものもあります。

良縁を招くむすびの樹

辺津宮奉安殿の先にある御神木「むすびの樹」。絵馬に彼と彼女の名を書いて、ふたりの絆がもっと強くなるようにお願いします

主祭神

多紀理比賣命《タギリヒメノミコト》

市寸島比賣命《イチキシマヒメノミコト》

田寸津比賣命《タギツヒメノミコト》

ほかにも心願成就、財宝福徳、芸能上達などの御利益が……

印／奉拝、江島神社、社紋、江島神社　●書き置きのみ。社紋は北条家の家紋「三枚の鱗」の伝説にちなみ考案されたもので、「向い波の中の三つの鱗」を表現しています

印／奉拝、弁財天、社紋、日本三弁天、江島辨財天、財寶福徳守護

御朱印帳

そのほかの御朱印帳はP.22で紹介!

湘南の海、鎌倉の岬、江の島、そして富士山が見える風景を描いた表紙（2000円）

お守り

よいご縁に結ばれ、末永く続くようにという願いが込められた「結び鈴守（水琴鈴）」（1500円）

DATA

江島神社・江島弁財天

創建／552（欽明天皇13）年
本殿様式／権現造（辺津宮・中津宮）、入母屋造（奥津宮）
住所／神奈川県藤沢市江の島2-3-8
交通／小田急線「片瀬江ノ島駅」、江ノ島電鉄「江ノ島駅」、湘南モノレール「湘南江の島駅」各駅から徒歩約15～23分
参拝時間／奉安殿8:30～17:00
御朱印授与時間／8:30～17:00
奉安殿拝観料／200円
URL http://enoshimajinja.or.jp/

＼神社の方からのメッセージ／

「むすびの樹」は根がひとつで2本の幹が寄り添うイチョウの大木です。そうなったのは弁財天の縁結びの力と言われ、木には不思議なパワーを感じます。神社では常に清浄を保ち、清々しい心でお帰りいただけるようにしています

中津宮の脇にある水琴窟《すいきんくつ》は耳を近づけるときれいな音が聞こえます。中津宮で頂ける「水みくじ」の紙を、この水につけると字が浮かび上がり、運勢がわかります。中津宮は江戸時代には商人、芸人、庶民の信仰を集め、境内には多くの石灯籠が奉納されています

江島神社と両参りで御利益増大

静かな住宅街のなかに広がる明るい境内。江島神社と夫婦神社として縁結びに御利益あり。

神奈川

龍口明神社

【りゅうこうみょうじんじゃ】

御祭神の五頭龍大神は一身五頭の龍神です。もともとは人々を苦しめる大迷惑な暴れ者だったのが、空から降臨した江島弁財天の優美さにひと目ぼれ。恋する龍神は弁財天の諌《いさ》めを聞いて行動を改め、めでたく弁財天と結婚したのです。そんな伝説が伝わることから、江島神社と龍口明神社の両方を参拝すると、恋愛が成就するといわれています。

御鎮座1450年祭に奉納された絵馬

鎮座1450年を祝って、2001年、崇敬者により制作された特別な絵馬が奉納されました。この絵馬には御祭神の五頭龍大神が描かれています

主祭神

玉依姫命《タマヨリヒメノミコト》　五頭龍大神《ゴズリュウオオカミ》

ほかにも心願成就、子授け、安産、交通安全などの御利益が……

みんなのクチコミ!!

神社の位置は「五頭龍様の胴」にあたる場所です（きーす）

墨書／奉拝、龍口明神社　印／社紋、龍口明神社、五頭龍大神の姿

●津とは神社のある腰越周辺のこと。かつて龍口明神社は海岸近くにありましたが昭和の頃に現在地に移転

社務所で頒布している「絵馬」（1000円）は弁財天と御祭神の五頭龍大神が描かれており、縁結びに御利益がありそう

お守り

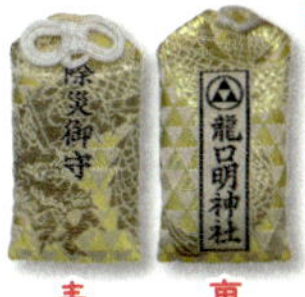

表　裏

改心してからは人々を災難から守ったという五頭龍大神のお守りには除災の文字が（1000円）

お守り

五角形のお守り袋に龍がデザインされた「御守」（800円）

御祭神のタマヨリヒメノミコトは安産の御利益を授けるそう

DATA

龍口明神社

創建／552（欽明天皇13）年
本殿様式／権現造
住所／神奈川県鎌倉市腰越1548-4
交通／湘南モノレール「西鎌倉駅」から徒歩7分
参拝時間／自由
御朱印授与時間／御朱印授与時間／9:00～16:00（書き置きのみ・不在時あり）
URL https://gozuryu.com/

＼神社の方からのメッセージ／

御神体は723（養老7）年、泰澄《たいちょう》大師が江の島岩屋で彫ったと伝わる木像の玉依姫命と五頭龍大神です。60年に一度の還暦巳年祭には、御神体が御開帳され、江島弁財天とともに江島神社中津宮に安置されます

もとは片瀬の龍口寺西隣にありましたが、1978（昭和53）年、現在地に移転。毎年10月上旬の土・日曜に例大祭が行われます。祭ではいつもは静かな境内に露店も立ち、大勢の参拝客でにぎわいます。また神輿渡御があり、氏子達の威勢のよい声が響き渡ります

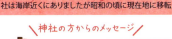

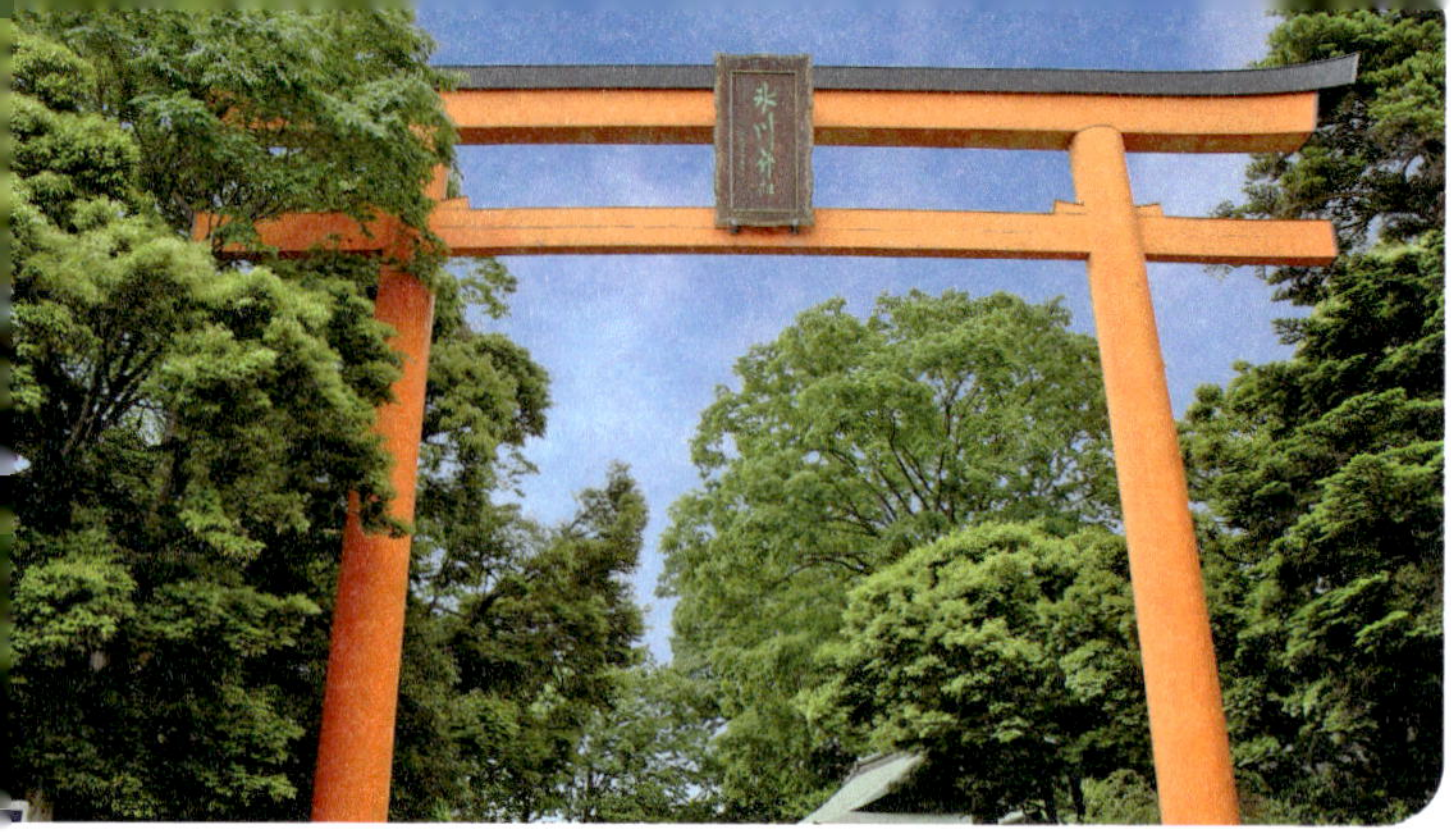

神様一族の応援で縁結びに即効性

川越の総鎮守として信仰を集めてきました。良縁成就を願うなら必携のお守りもいっぱいです。

埼玉

川越氷川神社

【かわごえひかわじんじゃ】

御祭神は親夫婦とその娘夫婦、そして娘夫婦の息子という三世代家族の神様。だから、境内には穏やかな気が流れ、良縁成就を願えば絶大な力を頂けるのです。人気の「縁結び玉」は毎朝8時から数量限定で授与。「であいこい守」「よりそい守」など恋に効くお守りが豊富。神社によれば「運命の赤い糸は必ずある！」そうです。

主祭神

素盞鳴尊《スサノオノミコト》　手摩乳命《テナヅチノミコト》

奇稲田姫命《クシイナダヒメノミコト》　大己貴命《オオナムチノミコト》

脚摩乳命《アシナヅチノミコト》

ほかにも家庭円満、夫婦円満などの御利益が……

絵馬トンネルにもパワーあり

本殿左側の絵馬トンネルには馬が顔を寄せ合う絵馬が奉納されています。3万枚を超える絵馬からは良縁を願う思いが伝わってきます

みんなのクチコミ!!

釣り竿で釣り上げるユニークな「あい鯛みくじ」が人気です（レヒ）

墨書／奉拝、川越總鎮守、氷川神社　印／雲菱の社紋の印、川越市鎮守氷川神社之印、川越氷川神社之印

●"奉"と"拝"の間に押された印は川越氷川神社の社紋です。菱型の中に雲を描いた雲菱といいます

「縁結び玉」は境内の玉砂利を持ち帰ると良縁に恵まれるという言い伝えから、身を清めた巫女さんが拾い集めた小石を麻の網に包み、毎朝神職がお祓いしたもの。数量限定で毎朝8時から頂けますが、いつも行列ができています（無料）

御朱印帳

御朱印帳（1500円）はクリーム色の地に可憐な花々。縁結びの神社にふさわしい華やかな表紙です

DATA

川越氷川神社

創建／541（欽明天皇2）年

本殿様式／入母屋造

住所／埼玉県川越市宮下町2-11

交通／JR・東武東上線「川越駅」または西武新宿線「本川越駅」から東武バス6分「喜多町」から徒歩5分

参拝時間／自由

御朱印授与時間／8:00～18:00

URL https://www.kawagoehikawa.jp/

＼神社の方からのメッセージ／

毎月8日と第4土曜日の月2回、午前8時8分から神前で御祈祷が受けられる良縁祈願祭を行っています。参列希望者は7時50分までに社務所で受付をお済ませください。お札、「縁結び玉」のほか、特別なお守りも授与します

本殿横の御神木は樹齢600年と推定されるケヤキ。2本の木が寄り添うように並んでいます。8の字を描くように周囲をまわるとパワーがもらえるので忘れずに参拝しましょう。また、川越八幡宮（左ページ）と川越氷川神社の両方を参拝すると恋愛運がさらにアップすると評判です

奇跡のイチョウに恋愛必勝祈願！

2本のイチョウがいつしか寄り添い一本の巨木に。固く結ばれたイチョウは良縁祈願に御利益あり。

埼玉

川越八幡宮

【かわごえはちまんぐう】

主祭神

応神天皇《オウジンテンノウ》

ほかにも健康、必勝などの御利益が……

御祭神は婚活にも勝運を授けてくれる力強い神様。毎月第1・3日曜日の16時から行われる「良縁祈願祭」に参列（要予約）すれば万全の態勢で恋に臨めます。拝殿の前に茂るイチョウは「縁結びのイチョウ」。1933（昭和8）年の上皇陛下生誕日に植樹された男・女のイチョウがいつしか寄り添い一本に。この木に触れると良縁に恵まれるといわれています。

川越のお殿様に信仰されてきたお社

川越城の歴代城主は、社殿を寄進するなど篤く信仰しました。境内の「ぐち聞き様」はグチを聞き、解決に導いてくれるといわれています

みんなのクチコミ!!

足腰の健康にも御利益があることからサッカー選手など、足に関係があるスポーツ選手が祈願に来るそう（みっく）

墨書／奉拝、川越八幡宮　印／祝創建千年祭、鳩の印、川越八幡宮、川越市八幡神社社務所印　●ご神鳥である鳩の印が入った御朱印。鳩の印のデザインは毎月変わります

御朱印帳

縁結びのイチョウに鳩がデザインされた御朱印帳（2000円）はブルーとピンクの2色

お守り

足腰の健康を守る「足腰健康守」（800円）

お守り

神様の使者・鳩がデザインされた「良縁に恵まれ愛が育つお守り」（各600円）

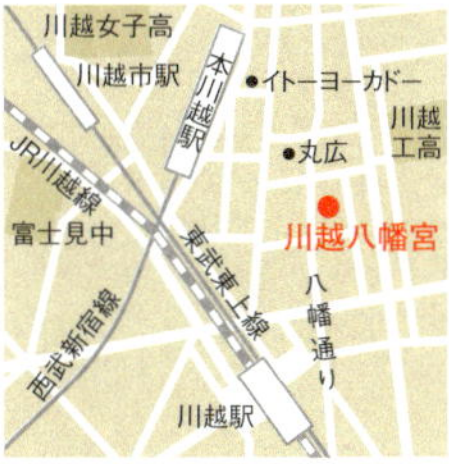

DATA

川越八幡宮

創建／1030（長元3）年

本殿様式／八幡造

住所／埼玉県川越市南通町19-1

交通／JR・東武東上線「川越駅」から徒歩6分

参拝時間／自由

御朱印授与時間／9:00〜17:00

URL https://kawagoe-hachimangu.net/

神社の方からのメッセージ

当社は戦いの神様、そして境内には足腰の神様「民部稲荷神社」を祀っていることもあり、スポーツ選手のお参りが多いです。箱根駅伝に出場が決まった大学、選手も必勝祈願にいらっしゃいます。みなさん、好成績を果たしています

御神木タラヨウジョの葉の裏に尖ったもので文字を書くと永久に消えることがないといわれ、昔は恋文や約束を書いて保管していたそうです。そこで、今では願いごとがかなう葉とされ、参拝者がさまざまな願いごとを書いています。良縁成就がかない、ここで挙式したカップルもいるとか

ストーカーから守り、好きな人と結ばれる

群馬

冠稲荷神社

【かんむりいなりじんじゃ】

源義経公と新田義貞公の冠にかかわる故事にちなみ「冠稲荷」と呼ばれるようになりました。

境内に茂るボケは県指定天然記念物で樹齢400余年と伝えられています。そこに鎮座するのが実咲社です。神様のお使い・お狐様の石像が並ぶ祈りの場で、実咲鈴を結び、実咲絵馬に願いごとを書き奉納すると、お狐様が神様にお願いごとを取り次いでくれます。また摂社の聖天宮ではストーカーなど諸々の悪縁を絶ち、身を守るパワーが頂けます。

縁結びのお願いは実咲社へ

縁結び狐、子育て狐、子宝狐、安産狐、夫婦円満と所願成就の実咲狐がそれぞれの願いを神様に届けてくれます。かわいい表情のお狐様たちです

主祭神

宇迦御魂神《ウカノミタマノカミ》　太田神《オオタノカミ》

保食命《ウケモチノミコト》　品陀和気神《ホムダワケノカミ》

ほかにも開運、厄除け、健康長寿、安産などの御利益が……

墨書／日本七社、冠稲荷神社　印／稲荷の宝珠紋、冠稲荷神社、上野国 日本七社 冠稲荷神社 参拝證

●御朱印の「日本七社」とは、冠稲荷神社のほかに伏見・豊川・信田・王子・妻恋・田沼稲荷を指します

墨書／奉拝、縁結び　印／実咲社、冠稲荷神社

御朱印帳

「冠稲荷のボケ」の花をモチーフにしたオリジナル御朱印帳

お守り

四季折々の境内の植物を中に入れて巫女が奉製する月替わりの「縁(えにし)守」

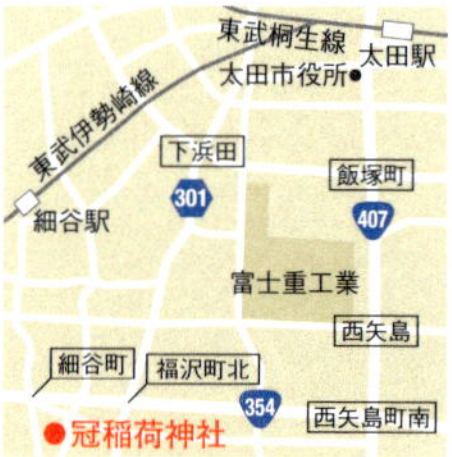

DATA

冠稲荷神社

創建／1125(天治2)年　本殿様式／三間社流造

住所／群馬県太田市細谷町1

交通／東武伊勢崎線「太田駅」から車15分

参拝時間／自由

御朱印授与時間／9:00～17:00

(直書き日時はホームページで要確認)

URL https://kanmuri.com/

神社の方からのメッセージ

御朱印の直書きは日時が限られているので、神社のホームページやインスタグラムでご確認をお願いします。誕生日御朱印や月替わりの御朱印などもあります。また、神職・巫女のブログも更新中なのでぜひご覧ください

毎月15日(1=いい　5=ご縁の日)は、朝8:30から「縁結び幸福祈願祭」を開催しています。良縁、幸福や健康などを祈願する催しです(2～12月のみ開催)。詳しくは神社ホームページでお知らせしているので、事前にご確認を

縁結び番外編
夫婦和合の神社

愛する人と、生涯連れ添うことを祈願

明治時代の軍人・乃木将軍と夫人が御祭神。夫妻は夫婦仲のよさでも知られています。

東京

乃木神社

【のぎじんじゃ】

御祭神の乃木希典は明治時代の軍人で日露戦争を勝利に導き、家庭ではよき父、よき夫でした。静子夫人は夫を愛し、妻として夫を支えた女性です。夫妻は明治天皇が亡くなった際にともに殉死を遂げました。後世、乃木夫妻の人柄を慕う人々によって御祭神として祀られたのが乃木神社です。夫妻にあやかり、夫婦円満祈願に御利益があります。

主祭神

乃木希典命《ノギマレスケノミコト》

乃木静子命《ノギシズコノミコト》

ほかにも勝運、夫婦円満、学業成就などの御利益が……

境内の幄舎でハートを発見！

おみくじ所や夏季のかき氷販売、年末年始の授与所などに使われる幄舎に、ハート型の「猪目（いのめ）」の文様が。ぜひ探してみて！

墨書／奉拝、乃木神社　印／東京乃木神社
●書き置きのみ。柔らかな色合いの絵柄入り。絵柄は月ごとに変わり、さまざまなデザインがあります

お守り

新郎新婦が仲よく寄り添うようにとの「よりそひ守」（1500円）と、長く連れ添っていけるようにとの「つれそひ守」（1500円）

御朱印帳

御朱印帳（1500円）は品のよい紺色の表紙でシンプルなデザイン

お守り

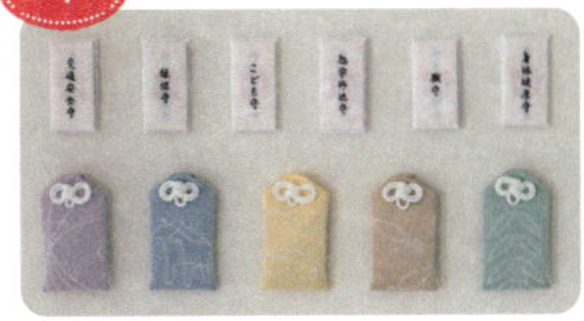

願いごとの種類と好みに合わせて内符・外側の袋をそれぞれ選べる「えらべるおまもり」（各1000円）

DATA

乃木神社

創建／1923（大正12）年
本殿様式／神明造
住所／東京都港区赤坂8-11-27
交通／地下鉄千代田線「乃木坂駅」から徒歩1分
参拝時間／6:00～17:00
御朱印授与時間／9:00～17:00
URL https://www.nogijinja.or.jp/

＼神社の方からのメッセージ／

拝殿左手の楠木は雷神木と呼ばれ、人気のスポットです。この木は1972（昭和47）年9月12日に落雷に遭い、3m余りの樹片が回廊の屋根を飛び越えて拝殿内に落下。御本殿に雷が落ちるところ、この木が身代わりになったとされています

神社に隣接して港区の有形文化財に指定されている旧乃木邸があります。建物は乃木将軍がドイツ留学の際、視察したフランス陸軍兵舎をスケッチし、帰国後にこれをモチーフにして建てられたものです。内部は非公開ですが、毎年、5・9・11月の限定日に一般公開されます

まだまだあります！

編集部オススメ！授与品

縁結びの授与品はとても華やかで楽しいデザインがいっぱい。身に付けているだけでステキなご縁を引き寄せてくれそう。もちろん、女子力アップにも効き目あり！

今戸神社 P.82 招き猫グッズ

神社が位置する今戸は「招き猫」の置き物発祥の地とされています。そこで、招き猫をモチーフにした授与品が多数あります

＼おみくじを背負ってる！／

「招き猫おみくじ」（300円）は全6種類の招き猫置き物付き。どれが出るかはおみくじが授与されるまでわからない

この中のどれが出るかはお楽しみ！

期間限定お守り

表　裏　花火柄！

人気の「えんむすび守」の限定版デザイン。絵柄は時期によって変わります（800円）

編集部のクチコミ

「恋勝みくじ」を引きました。相性のよい星座や、干支、そして出会いが期待できる日などのアドバイスがGOODでした！

櫻木神社 P.80 櫻グッズ

社名にもあるように、境内は桜の名所。満開の桜からは開運と縁結びを連想させます。そこで授与品のデザインも桜です

絵馬

こんな華やかな「絵馬（ペン付）」（1000円）なら恋愛成就の祈願がかないそう

桜型の「絵馬（ペン付）」（1000円）もかわいい

ステッカー

桜型のステッカーは「交通安全守護」（800円）。英語版もあり

お守り

桜の刺繍とレース素材が美しい「見通し守（レース守）」（1000円）は、先を見通す力を授けるお守り

編集部のクチコミ

境内には約400本の桜が植えられ、名所となっています。授与品も桜モチーフが多く、特に黒地にピンクの桜で夜桜を表現したオリジナル柄は大人気！

江島神社・江島弁財天 P.86 お守り

江島神社境内にある中津宮の御祭神は美しい女神。御祭神にちなんだ美人祈願のお守りが女性に大人気！

＼こちらでしかもらえないお守り！／

美髪、美白、明るい笑顔を授けてくれるお守り（500円）

編集部のクチコミ

境内にある中津宮でしか授与されない「よくばり美人守り」。女性がかなえたい美の願いに御利益ありと評判！

ほかにもオススメのお守りや授与品がこんなにあります！

出雲大社東京分祠 P.78
人生の招福とすてきなご縁を願う「縁むすびの糸」（1000円）

芝大神宮 P.83
「強運御守」（1000円）。袋の色は神社が占った、その年のラッキーカラー。掲載は2024年版

走水神社 P.85
「良縁祈願」（300円）は御祭神と同じ名前のタチバナの木で奉製している

冠稲荷神社 P.90
「ボケ花御守（左）」「健康長寿御守（中、右）」境内に咲くボケの花の刺繍が施されている

川越八幡宮 P.89
スポーツ必勝祈願の「勝守」（800円）は婚活必勝にも効果ありとか

第三章

御利益別！ 今行きたい神社

Part3

金運

「宝くじ当選！」「年収アップ！」「旅行資金増やすぞ！」……マネーに関する願いごとなら「実績あり」の神社におまかせ。

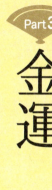

金運招福で一発逆転！ 目指せ不苦労セレブ

高額宝くじ当選者のお礼参りが絶えない神社として知られているフクロウ神社。某有名経営コンサルタント社長が推薦した安房神社。どちらも金運UPに絶大なパワーを授けてくれます。

栃木県と茨城県の県境が横ぎる本殿

写真の中央より左側が栃木県、右側が茨城県です。本殿は1778（安永7）年の再建で柱などには精緻で複雑な装飾や彫刻が施され、茨城県と栃木県両方の文化財に指定されています

絶対行きたいオススメ神社 1

金運が低下したら大フクロウに即祈願！

神社は栃木と茨城の県境の真上に鎮座。境内には神の使者であるフクロウ像がいっぱい。

栃木

鷲子山上神社

【とりのこさんしょうじんじゃ】

主祭神

天日鷲命《アメノヒワシノミコト》

ほかにも開運厄除け、身体健全、良縁などの御利益が……

御祭神は鳥の神様です。御祭神のお使いが御朱印にもあるフクロウで、「不苦労」「福老」という字があてられ、昔から幸運を授けてくれる鳥とされてきました。神社が位置するのは標高４７０ｍの山上。樹木に囲まれ社殿がたたずんでいます。拝殿に参拝したら、「福ふくろうロード」へ。道沿いのフクロウ像をなでると大願成就に運気アップの御利益があります。日本一の大フクロウ像は高額宝くじ当選や金運に絶大なパワーを発揮する必訪スポットです。実際に参拝者からお礼の報告がゾクゾクと寄せられ、1億円、５０００万円、１０００万円、１００万円の高額当選者が出ています。

拝殿までは96段の石段を上がります。96段で「くろう」、これを往復するので2回96で「ふくろう」。そのため幸運を招く石段とも呼ばれているそうです

取材スタッフのこぼれ話

県境の標識をモチーフにしたお守り（1000円）。本物そっくりのデザインがユニークですが、それだけでなく「すべての願いに御利益あり」という強力な効果も期待できるのだとか！

大鳥居手前の「椿茶屋ふくろう」では「山菜おこわ定食」と「けんちん定食」が好評。どちらも野菜がたっぷりで美味。犬OKのコーナーもあり愛犬連れでも利用できます。参拝後の休憩にぴったり。

中央に県境の標識がある大鳥居

神社入口にある大鳥居の中央に県境が走っています。江戸時代までは水戸藩でしたが、明治になり廃藩置県が施行されると県境が中央を通るようになったのです

金運・運気アップの御利益だらけ

フクロウスポット

境内には幸運を呼ぶかわいいフクロウのオブジェがあちらこちらに置かれています。フクロウに触れ、祈願すれば開運間違いなし。楽しみながら、パワーをチャージできる開運スポットです。

フクロウのポスト

お願いごとを書いた祈願文と初穂料を封筒に入れ、このポストに投函すると神職が神前に供え、神様に取り次いでいただけます

九星フクロウ

自分の星のフクロウを見つけましょう。もって生まれた才能と日常、心がけることを示してくれます

水かけフクロウ

石像に水をかければ、苦労を水に流すという意味が。さらに石像をなでると健康・金運アップなどの御利益があるそう

地上7mの日本一の大フクロウ像

境内の本宮神社に参拝に行くと石段の下から、巨大なフクロウ像が見えてきます。日差しでゴールドが輝き、見るだけで金運アップしそう。大フクロウにあいさつしたら、像の下へ。像を支える「フクロウ御柱」を備え付けの棒で3回叩き、祈願すると願いがかなうとか。笑顔で叩くと御利益がぐんとアップするとのことです

墨書／奉拝、鷲子山上神社　印／鷲子山上神社、県境茨城栃木、フクロウ印、鷲子山　●「金運に恵まれるようにと願いを込めて御朱印を書いています」と神職からうれしいコメント

授与品

「大フクロウ御朱印帳」（1500円）は金地に大フクロウと鯛が描かれたおめでたい表紙

福ふくろう宝くじ袋（1500円）はお財布タイプの宝くじ入れ。抽選日までここに入れておきます

“目”が“出”ている
ように見えるフクロウと
魚の“タイ”で“目出タイ”！

DATA

鷲子山上神社

創建／807（大同2）年
本殿様式／流造
住所／栃木県那須郡那珂川町矢又1948
交通／JR「烏山駅」から車20分
参拝時間／9:00～16:30
御朱印授与時間／9:00～16:00
URL https://www.torinokosan.com/

神社の方からのメッセージ

境内には樹齢1000年の杉をはじめ大木が茂り、神社のある鷲子山の一部には原生林や希少な草花も残っています。野鳥も多く、1983（昭和58）年には朝日新聞社と森林文化協会から「日本の自然百選」に選定されました

境内のパワースポットのひとつに亀井戸があります。山上の神社なので井戸を掘っても水が出なかったのですが、神様のお告げで井戸を掘り、亀の形をした石を沈めたところ、水が湧き出てきたと伝わります。今も井戸には豊かな清水が湧いています

絶対行きたい
オススメ神社 2

千葉

安房神社【あわじんじゃ】

実業家が足しげく通う金運神社

産業創始の神を祀る古社。金運、商売繁盛のほかにリーダーシップを身につけるパワーも授けてくれます。

主祭神

アメノフトダマノミコト
天太玉命

ほかにも学業向上、厄除けなどの御利益が……

主祭神はモノづくりに強い力をもつ神様。そこで事業繁栄、商売繁盛を願う実業家たちからあつい信仰を集めています。大手経営コンサルタント会社の社長も「お金に困りたくなかったら、ここに参拝」とおすすめしたとか。また、クリエイティブなパワーも頂けるので、デザイナーやアーティストを目指すなら助力をお願いするとよいでしょう。

山に湧く清らかな水が頂ける

本殿近くには背後の吾谷山《あづちやま》から湧く御神水を頂ける洞窟があります。お水取りをするにはお祓いを受ける必要があり、受付で申し込みます。玉串料3000円以上、9:00～16:00、容器は持参すること

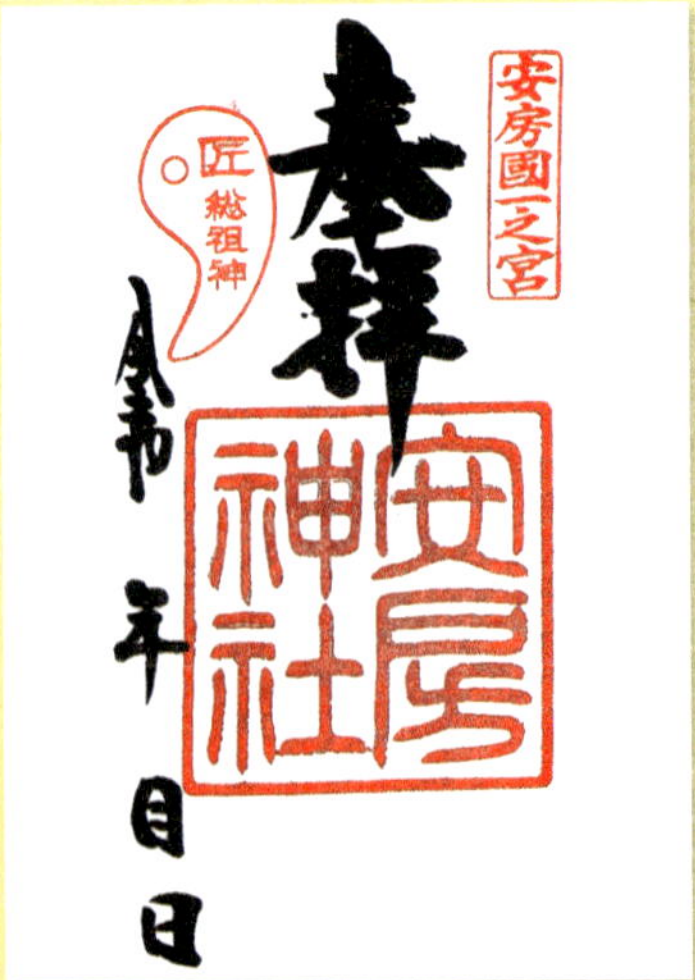

墨書／奉拝　印／安房國一之宮、安房神社、匠総祖神
●勾玉の形をした印に「匠総祖神」とあるのは、御祭神があらゆるモノを生み出す力をもっていることから、日本の産業創始の神とされているためです

御朱印帳

神紋の菊紋とかたばみ紋を配した、品のよい表紙（1500円）

お守り

「金運守」（1000円）は身に付けるか、よく使うものにくくり付けておく

DATA

安房神社

創建／717（養老元）年
本殿様式／神明造
住所／千葉県館山市大神宮589
交通／JR「館山駅」からバス20分
「安房神社前」から徒歩10分
参拝時間／自由
御朱印授与時間／8:30～17:00
URL http://www.awajinjya.org/

取材スタッフのこぼれ話

境内左手にある池のほとりにあるマキの木は、勢いよく伸びた枝葉に生命力の強さが感じられる御神木です。拝殿前の厳島神社は古代人が祭祀を行った場所で、こちらもパワースポットです。

神社の方からのメッセージ

アジア方面に単独旅行に出かけた御子息からの連絡が途絶え、当社で無事を祈願されたところ、すぐに無事を確認できたとご報告に見えた女性がいらっしゃいました。以後、参拝される姿をしばしばお見掛けします

毎年1月14日・15日に行われる置炭《おきずみ》・粥占《かゆうら》神事では14日の夕刻、門松の松材で火をおこして粥を炊きます。その際、松材の燃え具合で一年間の天候を占います。また炊いた粥の鍋に葦筒《よしづつ》を入れて一晩おき、15日の朝に葦筒に入った粥の艶や状態で農作物の豊凶を占います

東京

蛇窪神社

【へびくぼじんじゃ】

白蛇&龍神様のWパワーで超リッチに

白蛇と龍神を祀る、全国でも珍しい神社です。巳《み》と辰《たつ》で「身が立つ(立身出世)」の御利益があるとされ、ビジネスに成功してリッチになった、宝くじに当たった等々、参拝者のお礼参りも数々あるとか。立ち寄りたいのは厳島弁財天で、7匹の白蛇の御神体の像が巻き付き、不思議な気に満ちています。

墨書/清浄、蛇窪大明神　印/蛇窪神社、龍神、白蛇　●御祭神の龍神と白蛇の印の上に太陽が昇るように社紋が押してあります。龍神と白蛇の印の色が変わった期間限定御朱印も(P.17)

お守り

「白蛇置物」(2000円)は所願成就や厄除けの置き物

御朱印帳

白地に白蛇の柄と社紋が織り込まれた人気の御朱印帳(1500円)

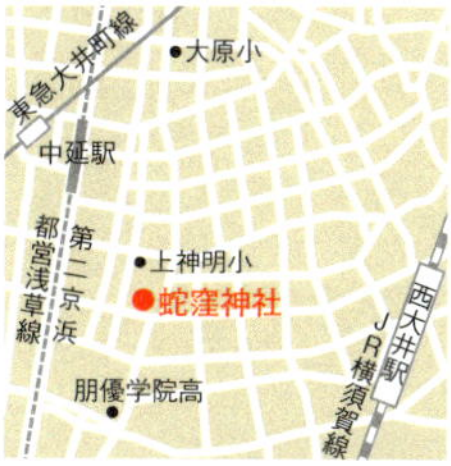

DATA
蛇窪神社
創建/1322(元亨2)年
本殿様式/神明造
住所/東京都品川区二葉4-4-12
交通/都営浅草線・東急大井町線「中延駅」から徒歩約5分、JR「西大井駅」から徒歩8分
参拝時間/自由
御朱印授与時間/9:00～17:00
URL https://hebikubo.jp/

主祭神
天照大御神《アマテラスオオミカミ》

ほかにも除災招福、立身出世、病気平癒などの御利益が……

東京

皆中稲荷神社

【かいちゅういなりじんじゃ】

宝くじ以外も百発百中みなあたる!?

江戸時代、鉄砲隊のひとりが参拝すると射撃が百発百中に。そこで「みなあたる」の名の稲荷となったとか。今では宝くじ的中の御利益ありとして有名。さらに的中は金運だけではありません。良縁、受験、起業など、お願いごとのど真ん中をズバリと当てて幸せを運んでくれます。

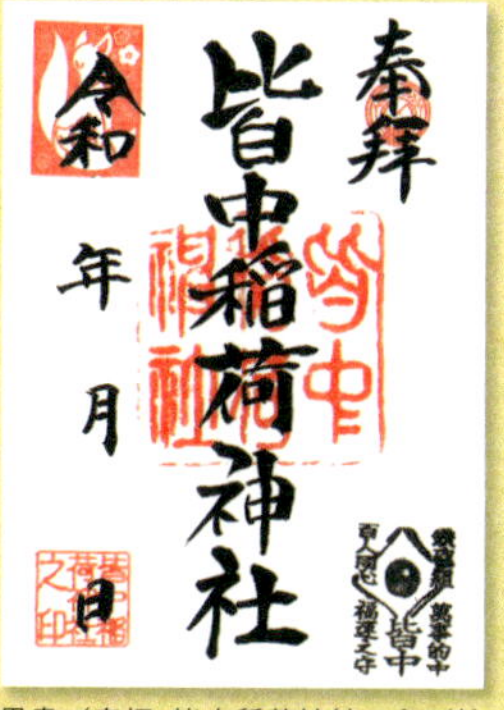

墨書/奉拝、皆中稲荷神社　印/社紋の印、鉄砲組・萬事的中・皆中・百人同心・福運之守、皆中稲荷神社、狐の印、皆中稲荷神社之印　●御朱印は御朱印帳とともに授与(持参の御朱印帳への授与は不可)

御朱印帳

金色の弓と矢がデザインされた御朱印帳(御朱印込み2000円)

お守り

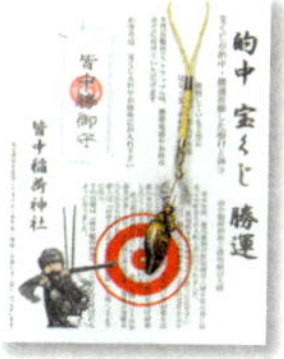

「勾玉セット」(2000円)はお守りと勾玉がセットになっています

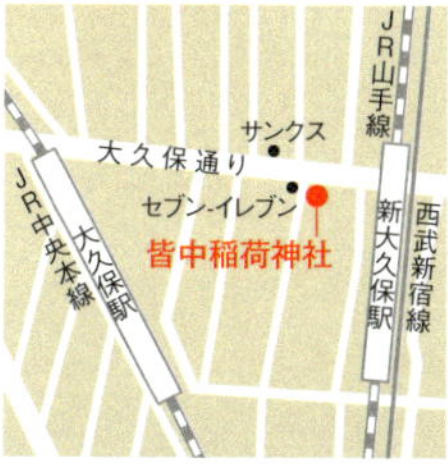

DATA
皆中稲荷神社
創建/1533(天文2)年
本殿様式/神明造
住所/東京都新宿区百人町1-11-16
交通/JR「新大久保駅」から徒歩1分、JR「大久保駅」から徒歩2分
参拝時間/自由
御朱印授与時間/9:00～17:00
URL https://kaichuinari-jinja.or.jp/

主祭神
倉稲之魂之大神《ウカノミタマノオオカミ》

ほかにも勝運、開運、商売繁盛などの御利益が……

御利益は強運厄除けで財運ゲットも

東京

小網神社

【こあみじんじゃ】

東京大空襲に遭っても、戦災を免れたことから強運厄除けの神様とされるようになりました。銭洗いの井戸では備え付けのザルで小銭を洗いましょう。洗った小銭をお財布に入れておくと金運がぐんとアップ。「東京銭洗い弁天」とも呼ばれ、金融関係者のお参りも多いそう。

墨書／奉拝、小網神社　印／強運厄除、小網神社、強運厄除けの龍●印にある龍は「昇り龍」「降り龍」の一対で向拝（社殿の正面の屋根が張り出した部分）の左右に彫刻されています

お守り

本物のまゆ玉でできた「まゆ玉おみくじ」（300円）

御朱印帳

社殿にも彫刻されている「強運厄除の龍」を表紙にあしらった御朱印帳は全4色展開（2000円）

主祭神

倉稲魂神《ウカノミタマノカミ》

市杵島比賣神《イチキシマヒメノカミ》

DATA

小網神社

創建／1466（文政元）年5月28日

本殿様式／一間流造

住所／東京都中央区日本橋小網町16-23

交通／地下鉄「人形町駅」から徒歩5分

参拝時間／自由

御朱印授与時間／9:00～17:00

URL https://www.koamijinja.or.jp/

ほかにも学業成就、渡航安全、病気平癒などの御利益が……

湧き水で小銭を洗って福を呼ぶ

神奈川

銭洗弁財天宇賀福神社

【ぜにあらいべんざいてんうがふくじんじゃ】

金運の御利益を願うなら奥宮の洞窟へ。ここには「銭洗水」という清水が湧いています。この水は神仏に捧げれば国家安泰になるという神のお告げを受け、源頼朝が見つけた霊水です。いつしか、お金を洗うと増えると伝わり、大勢の参拝客が訪れるようになりました。

墨書／奉拝、かまくら隠れ里、銭洗弁財天印／鎌倉五名水、北条鱗の社紋、銭洗弁財天宇賀福神社　●北条鱗とは3枚の鱗で北条氏の家紋。神社と北条氏との関わりの深さを表しています

主祭神

市杵島姫命《イチキシマヒメノミコト》

ほかにも商売繁盛、家内安全などの御利益が……

御朱印帳

紺地に金色の刺繍が格調高い装丁です（1500円）

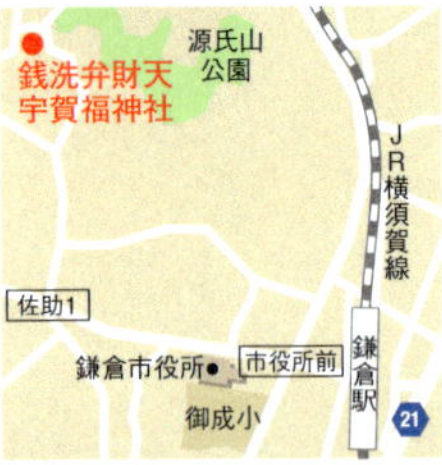

DATA

銭洗弁財天宇賀福神社

創建／1185（文治元）年

本殿様式／流造

住所／神奈川県鎌倉市佐助2-25-16

交通／JR横須賀線「鎌倉駅」西口から徒歩20分

参拝時間／8:00～16:30

御朱印授与時間／8:00～16:00

お守り

「幸運の銭亀」（1200円）は貴重品と一緒に置いて福を呼び込みましょう

関東最古の八幡様に金運をお願い

古くは平将門、源頼朝が戦勝を祈願。現在では宝くじ高額当選の御利益で有名です。

茨城

大宝八幡宮

【だいほうはちまんぐう】

金運

主祭神

誉田別命《ホンダワケノミコト》　足仲彦命《タラシナカツヒコノミコト》

気長足姫命《オキナガタラシヒメノミコト》

ほかにも開運厄除け、身体健全、良縁、勝運、招福などの御利益が……

日本産の金が初めて、朝廷に献上された701（大宝元）年に創建されたことが社名の由来。関東最古の八幡宮としても知られています。「大宝」とは「金」のこと。社名も縁起がよいのです。高額当選祈願を受けた会社が運営する宝くじ売り場から、8億円の当選が出るなど、金運に絶大な御利益が期待できます。

国の重要文化財指定の本殿

現在の建物は、1577（天正5）年に下妻城主・多賀谷尊経が再建。太い柱に対し、小柄で複雑な組物という、桃山時代の地方建築が表れています

墨書／神光、大宝八幡宮　印／社紋 下妻宮、大寶八幡宮 ●社紋は左三つ巴。鎌倉時代に書かれた歴史書『吾妻鏡』に大宝八幡宮のことは「下妻宮」と記されており、その呼び名が印になっています。掲載は書き置き版。手書き版は中央の墨書が「大寶八幡宮」と旧字に変わります

季節限定の御朱印帳はP.23で紹介！

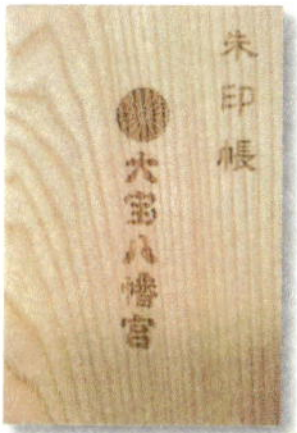

御朱印帳

御朱印帳（1500円）は表紙がスプルスという木材

お守り

金を表す大宝の文字が入った金運・財運のお守り（600円）

みんなのクチコミ!!

鳥居の両脇には名物のお団子を売る茶店があります（ゆき）

境内にある重軽石は参拝の前に持ち上げ、重さを覚えておき、参拝後に再び持ち上げ、参拝前より軽く感じたら神様に願いが届いた証拠とされています。神様の反応を占う石です

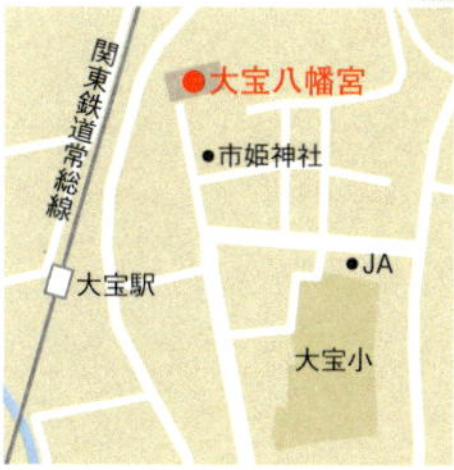

DATA

大宝八幡宮

創建／701（大宝元）年
本殿様式／三間社流造
住所／茨城県下妻市大宝667
交通／関東鉄道常総線「大宝駅」から徒歩3分
参拝時間／自由
御朱印授与時間／8:30～17:00
URL https://www.daiho.or.jp/index.htm

神社の方からのメッセージ

9月第一土曜日に行われる「タバンカ祭」は、昔、当社で起こった火事を畳と鍋蓋で消したという故事にちなむ、珍しい火祭りです。夜、燃えさかる大松明を囲み、畳や鍋蓋を石畳に叩きつける勇壮な祭です

神社の境内は平安時代から南北朝にかけての城跡です。本殿裏手には城跡の土塁保護のためアジサイを植えた「あじさい神苑」が広がっています。300種4000株のアジサイが咲き、6月中旬から7月上旬には「あじさい祭」が開催されます

埼玉

鎮守氷川神社【ちんじゅひかわじんじゃ】

災いを祓い、福を呼ぶ小さな大社

ヤマタノオロチを退治したヒーローが金運アップを強力サポート!

長い歴史と参拝者の多さから「小さな大社」と呼ばれています。御祭神のスサノオノミコトは大蛇・ヤマタノオロチを退治した際、オロチの体内から草薙《くさなぎ》剣を得たと神話にあり、そこで思わぬところから財宝が入手できる御利益があるとされています。御朱印に押される御祭神の印は季節毎に色が変わります。4色すべて頂くと、特別な御朱印が頂けます。(P.16で紹介)

主祭神

素戔嗚尊《スサノオノミコト》 櫛稲田姫命《クシイナダヒメノミコト》

ほかにも安産、厄除けなどの御利益が……

御神木に抱きついて元気を頂く

御神木は樹齢400年のケヤキ。病気療養中の人が抱きついたところ、快復したとの報告を聞き、御神木の周辺を整備したとのこと

墨書/奉拝 埼玉県川口市青木鎮座、鎮守 氷川神社 印/埼玉県鎮守氷川神社川口市、鎮守 氷川神社、御祭神のシルエット ●インパクト大のスサノオノミコトの色は4種類(詳しくはP.16で紹介)

そのほかの御朱印帳はP.22で紹介!

御朱印帳

表は御祭神のシルエット、裏は石見神楽で舞われる御祭神をデザイン(2000円)

お守り

金色のお守り袋が縁起がよい「金運守」(1000円)

みんなのクチコミ!!

7月の夏越大祓神事では御神火で焼いたトウモロコシがふるまわれます(Rui)

境内末社の磯崎神社は御祭神が七福神の大国様。こちらも金運アップのパワースポットです

DATA

鎮守氷川神社

創建/室町時代初期
本殿様式/流造
住所/埼玉県川口市青木5-18-48
交通/JR「西川口駅」から徒歩25分、埼玉高速鉄道「南鳩ヶ谷駅」から徒歩20分
参拝時間/24時間可
御朱印授与時間/9:00~16:00 ※変更の場合あり
URL https://chinjyu-hikawa.or.jp/

神社の方からのメッセージ

横尾忠則氏の作品を採用した御朱印帳は毎月15日朝8時から100冊(ひとり1冊)のみ領布しています。また宝物として横尾氏が神話の世界を描いた絵画「自立の炎」を所蔵しています。ご覧になりたい方はお問い合わせください

氷川神社の境内には富士塚があります。塚の高さは2.5mほどですが、使われているのはすべて富士山の溶岩です。登山道には手すりが設けられ、登りやすくなっています。富士塚に登ると富士山登頂と同じとされ、安産、子育て、火防、心願成就に御利益があるとされています

日本一のえびす様は御利益も日本一!?

二福神と呼ばれるだいこく様とえびす様が、幸運を授けてくれるかも。

栃木

大前神社・大前恵比寿神社

【おおさきじんじゃ・おおさきえびすじんじゃ】

主祭神
大国主神《オオクニヌシノカミ》 事代主神《コトシロヌシノカミ》

ほかにも健康、縁結びなどの御利益が……

大前神社本社で御祭神のだいこく様にお参りを済ませたら、境内で一際目を引く「日本一のえびす様」こと巨大な恵比寿像へ。像の台座が境内社「大前恵比寿神社」の社殿になっています。その御神前にある金色の釜に宝くじを入れて当選祈願をしましょう。実際に、宝くじ高額当選のお礼参りに来る人が多いそうです。

「日本一のえびす様」
約13mの恵比寿像は1989（平成元）年の奉安。鯛ではなく、金色の鯉を持っています。本殿内には億単位の宝くじの当選御礼絵馬がずらりと並んでいます

みんなのクチコミ!!

5月5日には、鯉の放流式があります（ゆき）

墨書／大前神社　印／奉拝、だいこくえびす二福神御社殿国重要文化財、延喜式内大前神社印　●延喜式内社は平安時代に朝廷から幣帛を供された神社のことで、格式が高いと評価されています。境内社の御朱印も頂けます（右）

墨書／足尾山神社　印／交通安全、ライダー守護、神道819ROUTE、大前境内足尾山神社、2024年辰年の印

御朱印帳

社殿彫刻の鳳凰と鷲が刺繍された御朱印帳（御朱印込み3000円）

DATA

大前神社・大前恵比寿神社
創建／不詳・767（神護景雲元）年中再建
本殿様式／流造
住所／栃木県真岡市東郷937
交通／真岡鉄道「北真岡駅」から徒歩13分
参拝時間／大前恵比寿神社9:00〜17:00（11〜3月〜16:00）
参拝料／無料、恵比寿神社のお水取り・参拝料500円
御朱印授与時間／8:30〜17:00
URL http://www.oosakijinja.com/index.html

神社の方からのメッセージ

ライダーからバイク神社と親しまれる足尾山神社も鎮座しています。足尾山神社は江戸時代より境内に祀られ、足腰守護・旅の守護社として信仰されていた神社です

毎年1月10日の「だいこく祭・えびす講祭」は本殿奥に静まる二福神御神像を参拝者が拝観できるお祭り。当日は神職が商売繁盛・家業繁栄・五穀豊穣を祈祷し、縁起物の「福銭」の授与もあります。福銭は常に身に付け、12月10日の「納めえびす祭」の時にお返しします

まだまだあります！

編集部オススメ！授与品

金運アップの御利益がある神社の授与品らしく、金色のものや縁起物のモチーフが盛りだくさん！

宝くじはもちろん、懸賞や子宝など、アナタが「宝」だと思うものを引き当てる効果も期待大!!

皆中稲荷神社 P.97　高額当選者はやっている！ セットで持てばさらに宝くじ運アップ

宝くじ的中祈願に御利益がある神社だけに、的に当たる矢をモチーフにした授与品が多数あります

矢と弓の意匠の「的中御守」（500円）

「皆中守」（1000円）は、金運のみならず総合的な御利益のあるお守り

セットで持つ人多数！

矢羽の柄を織り込んだオリジナル布地の「宝くじ入れ」（1000円）

編集部のクチコミ
御利益は宝くじ当選だけじゃないですよ！ 超人気アーティストのライブに行きたくて絵馬にチケット当選を祈願。当たりました！

金運だけでなく運気アップ祈願の「絵馬」（1000円）

鷲子山上神社 P.94　フクロウグッズ

御祭神のお使いがフクロウ。フクロウは「福老」などの字が当てられ招福の鳥とされています

金運

ゴールドがまぶしく輝く「福ふくろう金運錦守」（1000円）

開運

活力が湧いてくる「福ふくろう運気上昇錦守」（1000円）

巾着型

お金がいっぱいたまりそう「福ふくろう金運錦守」（1000円）

玄関に置けば福をいっぱい招きます

小砂焼「お願いふくろう」（1700円）は、付属の記入用紙にお願いを書いて祈願します

金の鈴が付いている「福ふくろう金運守」（1000円）

金箔入りガラス製の「梟お財布お守り」（800円）

かわいいフォルムの置き物「ふくろう七福神」（1200円）

お金に困らない「金運不苦労ダルマ」（1200円）

編集部のクチコミ
授与品が充実してます。どれも目がかわいくて持っているだけで癒やされます。フクロウマニアの間では有名です

大宝八幡宮 P.99　子宝草

子宝を授けてくれる御利益でも有名。そこで子宝にちなんだ授与品です

こんなに、たくさん子株が！

葉の周りに子株が付いて、子授け祈願に縁起がよい「子宝草」（600円）

編集部のクチコミ
子宝草は、寒さに弱く、霜に当たると枯れてしまいます。冬は日当たりのよい室内で育てましょう

ほかにもオススメのお守りや授与品がこんなにあります！

蛇窪神社 P.97
身に付けていると新しい仕事を招く「白蛇根付守」（各1000円）

鎮守氷川神社 P.100
御祭神スサノオノミコトが災難を祓ってくれる「厄除面」（5000円）

大前神社 P.101
「幸運守」（1000円）はだいこく様とえびす様をデザインした金運&開運守

安房神社 P.96
物事がすべて丸く収まるようにとの祈願が込められた「円満の和守」（1000円）

小網神社 P.98
強運厄除の「すすきのみみずく守」（3000円）は毎年10月下旬より順次、電話予約のみで頒布（神社のSNSで要確認）

行きつけ神社の見つけ方!

困難にぶつかったとき、気分が晴れないとき、そんなときに行きつけの神社があれば、すぐに参拝してパワーをもらえたり、心を落ちつかせたりすることができるでしょう。行きつけの神社を見つけるヒントをご紹介します。

まずは土地の守護神に参拝を

日本全国には8万社もの神社があり、そのなかから「行きつけ神社」を見つけるには、まず自分が住んでいる地域の氏神《うじがみ》・産土神《うぶすながみ》をお祀りする神社を調べましょう。氏神・産土神とはその土地の守護神のことで、自分がその土地に住みはじめてからずっと見守ってきてくれた神様といえます。

昔の人々は血縁関係で結ばれた集団を作って暮らすのが普通でした。彼らが守護神としてあがめたのが氏神です。たとえば藤原氏は春日権現、源氏は八幡神を氏神にしていました。

一方、産土神は血族に関係なく、その土地を守る神様として崇敬されてきた神様でした。ところが、徐々に氏神も地域の守り神となり、両社の区別は曖昧になりました。現在では氏神も産土神も、その土地の守護神と考えられ、両社を総称して氏神としています。氏神に対し、神社のある地域に住んでいる人々を氏子といいます。どこの神社が自分の住所の氏神かは神社本庁のウェブサイトで各都道府県の神社庁の連絡先を調べて電話で問い合わせると、教えてくれます。

御朱印帳にはやはり氏神の御朱印は頂いておきたいものです。また、初めての土地へ転居したら、最初に氏神にあいさつに行って御朱印を頂きましょう。

よくある「八幡」「稲荷」はどんな神社？

神社めぐりをしていると、○○稲荷や○○八幡など同じ名前の神社が多くあることに気がつきます。これらは同じ系列の神社で同じ御祭神を祀り、同じ御利益が頂けます。ですから、チャージしたいパワーによって参拝するべき神社が社名でわかるというわけです。ここでは本書に掲載している神社に関連する信仰の一部を紹介します。

☆神社本庁ウェブサイトは
https://www.jinjahoncho.or.jp/

香取信仰

千葉県の香取神宮を総本社として、関東地方を中心に全国に400社ほどあります。御祭神フツヌシノオオカミは武道の神様で勝運、災難除け、家内安全、交通安全などの御利益があります。

日吉（日枝）信仰

日枝神社の総本社は滋賀県の日吉大社。平安時代の頃は、「日吉」が「ひえ」とも発音されていたため、「日枝」の字を使うようになったと言われます。縁結び、夫婦円満、商売繁盛の御利益があります。

八幡信仰

鎌倉の鶴岡八幡宮が有名で、武家の守護神として各地に祀られました。代表的な御利益は勝運。スポーツや勝負事だけでなく病気に打ち克つ力や弱気に勝つ力も頂けます。

稲荷信仰

御祭神はウカノミタマノカミ。本来は稲の成長を見守る穀物、農業の神ですが、現在は商売繁盛や出世運の御利益でも信仰されています。営業成績アップや招福の祈願にはお稲荷さんへ行くとよいでしょう。

氷川信仰

東京都北部や埼玉県に数多くあり、ほかの地域ではあまり見かけません。御祭神はスサノオノミコト。妻のイナダヒメノミコトとともに祀られることがほとんどで、縁結びや除災にパワーを発揮します。

天神信仰

学問の神様とされる菅原道真公をお祀りする神社で、学業成就・合格祈願の参拝がほとんどです。入試だけではなく、資格試験や昇進試験の合格祈願にも応えてくれます。

あなたの悩みにこたえてくれる神様がすぐわかる！

神様との縁結びチャート

どの神様をお参りしようかと迷ったら、このチャートを試してみて。
簡単な質問に答えていくだけで、今のあなたに必要なパワーを授けてくれる神様が見つかります。
どの神様も本誌で紹介している神社に祀られている神様ばかり。

YESは → に、NOは → に進んでください

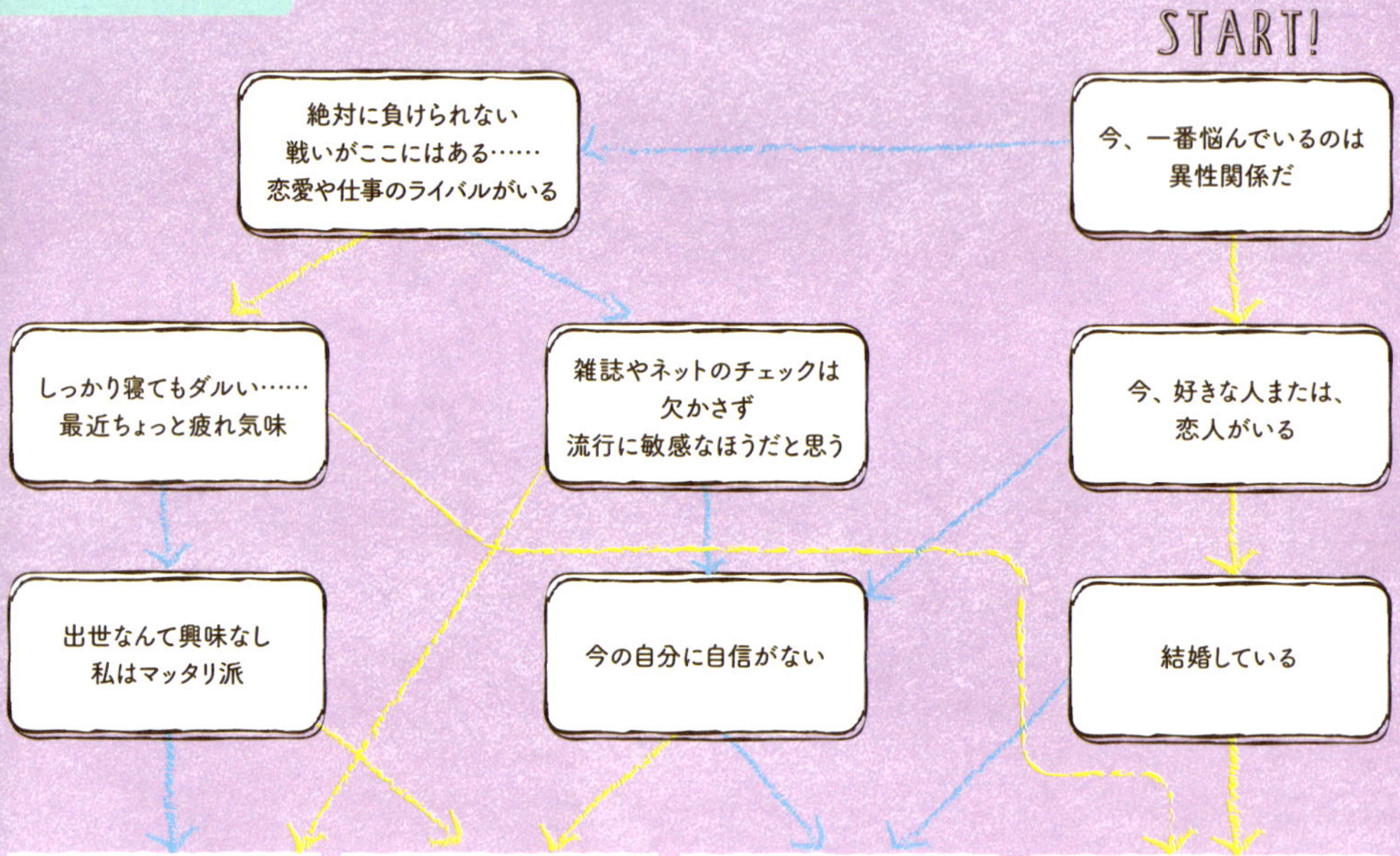
START!
今、一番悩んでいるのは
異性関係だ
絶対に負けられない
戦いがここにはある……
恋愛や仕事のライバルがいる
しっかり寝てもダルい……
最近ちょっと疲れ気味
雑誌やネットのチェックは
欠かさず
流行に敏感なほうだと思う
今、好きな人または、
恋人がいる
出世なんて興味なし
私はマッタリ派
今の自分に自信がない
結婚している

反骨心と正義感の強い
勝運、開運の神様

スサノオノミコト

どんな困難があっても、解決策を見つけて乗り越えていけて、時代の流れにも敏感でとても前向きな人のようです。でも、油断をすると思ってもみなかったような災難が襲ってきそう。スサノオノミコトは厄除けの御利益が絶大。あなたの周囲に潜む災難を遠ざけ、さらに自分を高め、キャリアアップしていけるパワーを頂きましょう。

自分磨きや未来を切り開く
パワーをくれる女神

アマテラスオオミカミ

今の自分に自信がない人、ライバルはいるけれど現状維持で満足という人。時には周囲やライバルに自分の存在をアピールすることも大切です。そこで、最高神とも呼ばれる女神のパワーを頂きましょう。ファッションセンスを磨いたり、趣味や教養を身につけたり、魅力アップの力や未来を切り開くパワーを授けてもらえます。

優しくて恋多き
モテモテの神

オオクニヌシノミコト

縁結びでは最強のパワーがある神様。恋人との仲が進展しない、でも自分から行動する勇気がないという人には一歩前に進む力を授けてくれます。自分に自信のあるあなた。もしかして他人にとって少し怖い存在で孤立していませんか？仲間との協調性を身につけ、友人との良縁が結べるパワーを授けてもらいましょう。

夫婦円満と生命力をもたらす
国を産んだ夫婦の神

イザナギノミコト
イザナミノミコト

国を産んだ2柱の神様は愛する人のいる人に、将来、何が起きても、ふたりの仲が壊れることなく、年月を重ねるごとに絆が強くなっていく力を授けてくれます。ライバルがいるあなたは、ストレスで少しお疲れ気味。そこで、神様から生命力強化のパワーを頂きましょう。重い疲れが軽くなるかもしれません。

第三章 御利益別！今行きたい神社

Part4

美容・健康

まずは心も体も健康でなくっちゃ、始まらないッ。さらに美肌も美脚も神様がかなえてくれるのなら、言うことなし！

美容・健康 絶対行きたいオススメ神社 3選

心身ともに生まれ変わる関東屈指のパワスポへ

大洗磯前神社と酒列磯前神社は海が一望できる高台に鎮座する古社。両社とも海から降臨した神を祀ります。潮風が境内に吹き渡り、お参りするだけで心身がリフレッシュできると人気です。厳島神社の「美人弁天」は参拝すると「美人証明」がもらえ、女子力アップに期待大のパワスポです。

御祭神降臨の聖地には海を背に鳥居が立つ

神社の前は神磯と呼ばれる太平洋に臨む磯辺。御祭神がこの磯に降臨したと伝わり、磯辺には鳥居が立ちます。毎年元旦には神職がこの磯に降り立ち、水平線から昇る初日の出を拝むのが習わしになっています

絶対行きたい オススメ神社 1

難病までも排除する強力パワーが頂ける

難儀に苦しむ人々を救うため、神が降臨。子供の健やかな成長も守っていただけます。

茨城

大洗磯前神社【おおあらいいそさきじんじゃ】

平安時代、東国では、地震・噴火・特に天然痘に人々が苦しむなか、大洗に神が降り、里人に憑り「民を救うため帰り来た」と宣託されました。御祭神の神威と民の祈りにより災いは終息、その伝承が創建の由来です。身の病、心の病を癒やし広めたとも伝わり、古来から、不治の病を治してくれるという御利益を求めて参拝者が絶えません。また、子供の夜泣きを治し、成長を見守る神様としても知られ、子供連れの参拝者も数多くいます。境内からは海が一望のもと、すばらしい景色が開けます。

主祭神

大己貴命《オオナムチノミコト》　少彦名命《スクナヒコナノミコト》

ほかにも家内安全、開運招福などの御利益が……

墨書／奉拝、大洗磯前神社　印／大洗磯前神社、うさぎの印　●シンプルな御朱印です。墨書「大洗磯」の筆遣いは勢いがあり、神磯に砕ける波を連想させます

拝殿は1730（享保15）年に竣工。色鮮やかな彫刻が施され、県指定の文化財

取材スタッフのこぼれ話

毎年、4月第2日曜日に開催される「太々神楽祭」では氏子の女子小学生が神楽を舞います。初々しく優雅でとてもかわいい神楽が見られるとのことです。

DATA

大洗磯前神社

創建／856（斉衡3）年　本殿様式／一間社流造
住所／茨城県東茨城郡大洗町磯浜町6890
交通／鹿島臨海鉄道「大洗駅」から大洗町循環バス16分「大洗磯前神社下」から徒歩すぐ
参拝時間／6:00～17:00（5～8月は5:30～18:00）
御朱印授与時間／8:30～16:30
URL https://www.oarai-isosakijinja.net/

＼神社の方からのメッセージ／

当社は江戸時代の医学書の巻頭に紹介されており、昔から医薬の神様としてお参りが絶えません。境内から潮風を浴びながら広い海を一望すれば、何かが変わるきっかけになるかもしれません

神社の境内には大洗海洋博物館があります。クジラの標本、漁業に関する資料、漁網などを展示。大人500円。神社の境内はあるアニメの舞台として有名。アニメーターやファンがアニメの主人公を描いて奉納した絵馬が話題になっています

絶対行きたいオススメ神社 2

全国から医療関係者の参拝も多い

大洗磯前神社と同じ由緒をもつ古社。医学を日本に広めた神を祀っています。

茨城

酒列磯前神社【さかつらいそさきじんじゃ】

主祭神
少彦名命《スクナヒコナノミコト》

ほかにも商売繁盛、良縁成就などの御利益が……

ヤブツバキの古木が両側に茂る参道を行くと拝殿です。祀られているのは医学を広めた神。病気を治療し、健康と長寿をもたらしてくれる神様として、病気快復祈願だけでなく、医学技術の向上や発達を願う医師や医療関係者が、全国各地から参詣に訪れるとのこと。拝殿の天井にはツバキやボタンなど華麗な天井画が描かれています。

幸運の亀石像

境内には宝くじの高額当選者が奉納した亀の石像があります。この石像を触ると御利益があると評判になり大安の日には大変なにぎわいになります

墨書／奉拝、酒列磯前神社　印／酒列磯前神社
●かつて「さかつら」は「逆列」と書いていましたが、御祭神が酒の神様でもあることから「酒列」になりました。御朱印は拝殿近くの酒列会館で授与していただけます

お守り

パステルカラーのお守り袋がステキな（右）「病気平癒御守」（1000円）と「健康御守」（1000円）

おみくじ

招き猫のおみくじが人気（500円）

取材スタッフのこぼれ話

参道や境内は緑に囲まれてとても静か。拝殿に向かって参道を行くと二の鳥居手前で左側の小路から海が見えます。拝殿正面には左甚五郎作のリスとブドウの彫刻が施されています。

DATA
酒列磯前神社
創建／856（斉衡3）年　本殿様式／流造
住所／茨城県ひたちなか市磯崎町4607-2
交通／ひたちなか海浜鉄道「磯崎駅」から徒歩8分
参拝時間／自由
御朱印授与時間／8:00〜16:00
URL https://sakatura.org/

\ 神社の方からのメッセージ /

御祭神のスクナヒコナノミコトは病気に苦しむ人を治療し、不安から救う神様で医薬の祖神として、医療関係者をはじめ全国の人々から崇敬を集めています。近頃では金運向上を願う参拝者の方も増えてきました

酒列磯前神社の境内林は海洋性の温暖な気候が創りあげた暖帯性樹叢《だんたいせいじゅそう》です。樹齢300年を超えるヤブツバキやタブノキ、オオバイボタ、スダジイなど常緑広葉樹が茂ります。地表にはハマギク、シャリンバイなど海辺植物も混生。茨城県の天然記念物に指定されています

絶対行きたい
オススメ神社 3

「健康・長寿・美」をかなえてくれる弁天様

病弱な女性を幸福に導いた伝説が残る弁天様は美人弁天と呼ばれ、心身の美を授けてくれます。

栃木

厳島神社 美人弁天

【いつくしまじんじゃ びじんべんてん】

境内の六角堂に祀られているのが「美人弁天」。参拝すれば心身ともに美人になれる御利益が頂け、全員に「美人証明」が授与されます。六角堂が開き、御朱印が頂けるのは毎月第1・3日曜日のみ。ただし、「美人証明」と「御朱印」は神社近くの「カー&サイクルタナカ」(火曜日定休)で頂けます。

弁天様の力で穏やかな美人になれる
日本で唯一の「美人証明」

表には美人弁天の三美人が描かれ、裏が美しい心を讃える証明書。カードサイズ、ハガキサイズ(100円)のほか、お名前を書き入れてもらえるB5サイズ(500円)があります。弁天様のご加護のもと、ますます心の美しい人になれるといわれています

主祭神
市杵島姫命《イチキシマヒメノミコト》

ほかにも商売繁盛などの御利益が……

墨書/奉拝、美人弁天　印/美と健康長命、市杵島比賣命与利愛、美人の国足利、美人弁天之印　●優しい墨書を中心に鮮やかな朱印が取り巻き、季節ごとの挿絵が彩りを加える御朱印。心の美しさと輝く人生への願いが込められています

六角堂に祀られている美人弁天

取材スタッフのこぼれ話

六角堂の両脇に「なで弁天」が祀られています。石の弁天像をなでると緊張がほぐれ、心が休まり、自分に自信がもてるようになるとか。

DATA

厳島神社 美人弁天

創建/不詳　住所/栃木県足利市本城2-1860
交通/東武伊勢崎線「足利市駅」・JR「足利駅」から徒歩20分
参拝時間/自由(六角堂開扉は毎月第1・3日曜日)
御朱印帳授与時間/御朱印帳への浄書:開扉日の9:00~15:00　書き置きはカー&サイクルタナカの営業時間(火曜日定休)
URL https://bijinbenten.com/

神社の方からのメッセージ

「美人弁天」は御祭神イチキシマヒメノミコトの分身として六角形の弁天堂に安置されています。その脇に琵琶を持った2体の「なで弁天」が祀られ、この3体が「日本唯一の三美人」と呼ばれています

貧しく病弱だった女性が神のお告げにより、弁財天に百日間祈りを捧げたところ、健康と長寿、美を授かり、天寿を全うしたという伝説から「美人弁天」と呼ばれるようになりました

子授け、安産、除災招福の神様として有名

江戸時代、久留米藩江戸屋敷に祀ったのが最初。当時から庶民の信仰を集めていました。

東京

水天宮・寶生辨財天

【すいてんぐう・ほうしょうべんざいてん】

主祭神

天御中主大神《アメノミナカヌシノオオカミ》　安徳天皇《アントクテンノウ》

建礼門院《ケンレイモンイン》　二位の尼《ニイノアマ》

ほかにも水難・火難除け、招福などの御利益が……

1818(文政元)年、久留米藩主有馬頼徳《ありまよりのり》が久留米水天宮の御霊を江戸に移したことに始まります。安産・子授け、初宮詣、七五三詣、厄除、除災招福の御神徳があり、象徴されるのは人の命に光を注ぎ大きな活力をお授けくださる天御中主大神と平家一門の守り神とされた安徳天皇ほか2柱が祀られています。季節の特別限定御朱印、子宝いぬが大人気です。

安産を願う「子宝いぬ」

母犬と子犬の像です。周囲を取り巻く十二支像のうち、自分の干支をなでると安産、子授け、無事成長、厄除けなどの御利益につながります

墨書／奉拝、水天宮　印／社紋、有馬家の紋、水天宮

●水天宮の社紋はツバキです。有馬家の紋は三つ巴。並べられたふたつの紋が、水天宮と有馬家との深い関わりを表しています

芸事･芸能向上や金運上昇など幅広いご利益を授ける「寶生辨財天特別御守」(1500円)

2025(令和7)年は巳年にあたり、辨財天様の大切な年回りにあたります。芸事･芸能向上、家運隆昌、金運上昇、美･健康増進の神様として多くの信仰が寄せられる神様です

お守り

安産御守「御子守帯」(4000円)は生成りの晒を使った腹帯で、お腹の胎児を支えます

そのほかの御朱印帳はP.22で紹介!

御朱印帳

御朱印帳は紺地に福鈴の絵柄

DATA

水天宮・寶生辨財天

創建／1818(文政元)年

住所／東京都中央区日本橋蛎殻町2-4-1

交通／地下鉄「水天宮前駅」から徒歩1分、「人形町駅」から徒歩5分

参拝時間／開門7:00～18:00

御朱印授与時間／8:00～18:00

URL https://www.suitengu.or.jp/

\ 神社の方からのメッセージ /

当社には水天宮と境内の御末社である寶生弁財天とふたつの御朱印があります。どちらか一方、ふたつとも受けるなど、御心のままにお選びください。スタンプラリーではないので参拝の気持ちを忘れずにお受けください

水天宮･寶生辨財天が位置する人形町は下町風情にあふれたエリア。鳥料理の「玉ひで」、洋食「芳味亭」、すき焼き「今半」等の食事処やおみやげに最適な和菓子の店をはじめ、甘酒横丁には江戸時代から続く伝統工芸の店も並びます。もちろん、マタニティグッズを扱うショップもあります

長寿の象徴、鶴と亀の御朱印

災難を遠ざけ、福と健康を授けてくれる第六天様をお祀りしています。

東京

第六天榊神社

【だいろくてんさかきじんじゃ】

主祭神

榊皇大神《サカキノスメオオカミ》

ほかにも恋愛成就、夫婦和合などの御利益が……

御朱印の右下に鶴と亀の印が押されていますが、これは健康と長寿の御利益があるということを表しています。

御祭神は「第六天様」と尊称されており、諸業繁栄・健康長寿の御神徳がある神として古来広く崇敬されてきました。東国の神として各地に御分社が祀られています。

長寿を願って創建されました

墨書／總本宮第六天、榊神社　印／榊神社印

●健康長寿を願う神社らしく、縁起のよい鶴と亀の印。墨書と印のバランスがよいです。通常は右上にある「参拝」の墨書が珍しく日付の下にあります

境内で目を引く真っ赤な鳥居の繁盛稲荷社。商売繁盛を祈願しに、地元の人が訪れます

みんなのクチコミ!!

境内は緑が多く、ほっとくつろげるスポットになっています (Shiho)

絵馬には社名にちなんだサカキが描かれている

絵馬に祈願を書いて境内に奉納。御朱印や絵馬、おみくじは拝殿に向かって左手の社務所で授与していただけます

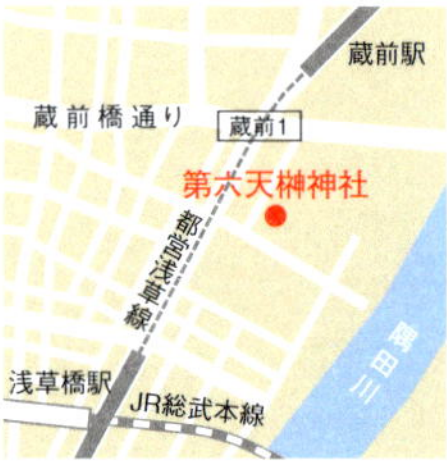

DATA

第六天榊神社

創建／110（景行天皇40）年

住所／東京都台東区蔵前1-4-3

交通／地下鉄「蔵前駅」から徒歩6分、JR・地下鉄「浅草橋駅」から徒歩6分

参拝時間／自由

御朱印授与時間／9:00～16:00

神社の方からのメッセージ

当社は「下町八社福参り」の一社となっています。この福参りは8つの神社を参詣して8つの異なる御利益を得るもの。当社の御利益は「健康長寿」です。1月1日から七草まで行っており、期間中は色紙や八福守等を授与いたします

境内には「浅草文庫跡碑」があります。浅草文庫は1874（明治7）年に創設された官立図書館。和・漢・洋の蔵書数は11万～13万冊といわれます。7年後に閉鎖され、跡地は東京職工学校（現・東京工業大学）の敷地の一部となりました。この榊神社は1928（昭和3）年に台東区柳橋から移転してきました

御神木「千年乃藤」に長寿をお願い

古くは多摩川のほとりにあった國領神社と神明社を合わせて、近年、現在地に遷しました。

東京

國領神社

【こくりょうじんじゃ】

御祭神は万物の生成を司る神様。生きる活力を授けていただけます。境内でひときわ目を引くのが「千年乃藤」と名付けられたフジの巨木。樹齢は約400年以上とされます。このフジは今も勢いが衰えず、また「無事」にもつながることから、長寿や万物繁栄のパワーがある御神木とされています。御神木にちなんだお守りも数多くあります。

千年乃藤はゴールデンウィークが見頃

藤棚の高さは約4m、面積は約400㎡もあります。4月中旬には咲き始め、4月下旬にかけてが見頃。棚一面に咲き誇り、甘いフジの香りは境内だけでなく近隣にまで漂います

主祭神

神産巣日神《カミムスヒノカミ》

ほかにも子孫繁栄、縁結び、交通安全などの御利益が……

みんなのクチコミ!!

京王線に「国領駅」があるけど、最寄り駅は「布田駅」だから間違えないで（みねこ）

墨書／國領神社　印／奉拝、千年乃藤調布八景、國領神社、参拝之證 武蔵国多磨郡國領鎮座 千年乃藤 調布八景　●印にもある御神木の千年乃藤が満開になる風景は調布市民が選定した調布八景のひとつです

フジに願いを込め、「無事」に願いがかなうことを祈願する絵馬（1000円）

御朱印帳

満開のフジが表裏に描かれた華麗なデザインの御朱印帳（2000円）

お守り

数量限定で頒布している「千年乃藤御守」（1500円）は諸願成就のお守り

お守り

御神木に願いを込め、無事に「勝」てることを願う「勝守」（1000円）

DATA

國領神社

創建／不詳
本殿様式／神明造
住所／東京都調布市国領町1-7-1
交通／京王線「布田駅」から徒歩5分
参拝時間／自由
御朱印授与時間／9:00～12:00・13:00～16:00
URL https://kokuryo-jinja.jp/

＼神社の方からのメッセージ／

「千年乃藤御守」は御神木の実が入ったお守りです。「実」が身を守り、「実」が生じることで心願成就するというものです。秋に藤の実を採り、奉製するのでフジの開花時期だけの期間限定頒布になります。また、数量も限定です

「調布八景」は1985（昭和60）年、調布市が市制30周年を記念して市民から、史跡や自然などのなかから、市内の見どころを公募して選定したものです。八景は野川公園と近藤勇の史跡、深大寺と神代植物公園、布多天神と市、調布不動尊と國領神社の千年藤などがあります

病気平癒&安産の守り神として有名

本殿は立川市最古の建築物で市の文化財に指定。境内には安産祈願の立川水天宮があります。

東京

阿豆佐味天神社

【あずさみてんじんしゃ】

砂川町の総鎮守として信仰されてきました。御祭神は医薬・息災・延命の神様と文学・芸術の神様の2柱。病気平癒や健康長寿の御利益を授けてくれます。また、境内には安産の守り神「立川水天宮」があり、妊婦さんのお参りが多く、幸せな雰囲気に包まれています。境内の「蚕影《こかげ》神社」は「猫返し神社」と呼ばれ、猫についてお願いができる神社です。

蚕影神社は飼い主と猫の健康を守る

かつて周辺にあった養蚕農家のあつい信仰があった神社。蚕の天敵であり、悪病や伝染病を媒介するネズミを退治する猫が守り神。現在では、飼い主と猫を病気から守ってくれると有名です

主祭神

少彦名命《スクナヒコナノミコト》　天児屋根命《アメノコヤネノミコト》

ほかにも安産、家内安全などの御利益が……

墨書／奉拝、立川砂川、阿豆佐味天神社　印／阿豆佐味天神社埜印、阿豆佐味天神社社務所埜印　●「御祭神とよいご縁を深め、健やかな日々を過ごしていただきたいという願いを込めて書いています」と神職

お守り

「長寿健康あんしん御守」（1000円）は身に付けておけば病気平癒や病気予防に御利益あり

みんなのクチコミ!!

立川水天宮は戌の日になると妊婦さんの安産祈願で少し混雑します（なび）

蚕影神社は別名「猫返し神社」。迷子になった猫の無事な帰還を祈願できます。「猫絵馬」（800円）には「早く帰って来て」などの祈願が書かれています

DATA

阿豆佐味天神社

創建／1629（寛永6）年
本殿様式／一間社流造
住所／東京都立川市砂川町4-1-1
交通／JR「立川駅」から立川バス12分「砂川四番」から徒歩1分
参拝時間／7:00～16:20（最終入場16:00）
御朱印授与時間／10:00～12:00、13:00～15:30
URL https://www.azusami-suitengu.net/

＼神社の方からのメッセージ／

「猫返し神社」の名は、ジャズピアニストの山下洋輔さんの愛猫が失踪したとき、帰還を当社に祈願。すると猫が帰ってきたのを雑誌に紹介したのが"命名"されたきっかけです。境内では山下さんが演奏した曲「越天楽」を流しています

例大祭は9月中旬、神楽や舞踊、民踊などの奉納演芸会や砂川産直青果祭などが開催され、五日市街道ではお囃子や大太鼓が練り歩きます。元日の早朝にはかがり火がたかれ、日本一早い「だるま市」が立ち、毎年、大勢の参拝客でにぎわいます

狛犬に病気治癒を祈願

拝殿前に安置された狛犬像をなでると、自分の体の悪いところが治るといわれています。

神奈川

稲毛神社【いなげじんじゃ】

創建は不詳ですが、樹齢1000年と推定されるイチョウの御神木があることから、歴史ある古社といえます。古代から戦勝と親和の力をくれる神社として信仰を集めてきました。体の悩みがあるなら拝殿の前の「天地睨みの狛犬」へ。上半身について祈願があるなら右、下半身なら左の狛犬をなでてから、お参りすると願いがかなうといわれています。

天地睨みの狛犬

青銅製の「天地睨みの狛犬」は奈良県のマスコット「せんとくん」でも有名な籔内左斗司さんによるもの。口を開き前を向いた右の狛犬が「阿」、口を閉じて下を向いた狛犬が「吽」です

主祭神

武甕槌神《タケミカツチノカミ》

ほかにも勝運、縁結びなどの御利益が……

みんなのクチコミ!!

毎年1月1日から7日まで有名人が書いた絵馬を展示しています（いね）

墨書／奉拝、健勝堅固、川崎山王、稲毛神社　印／神紋、稲毛神社　●神社名がメインではない御朱印は珍しい。「健勝堅固」は心身の健康と同時に人生の困難や苦難に打ち勝つ力を御祭神が授けてくれることを表します

墨書／奉拝、稲毛神社　印／勝和　●勝と和は稲毛神社の御神徳

墨書／奉拝、日本武尊　印／財運上昇、川崎市鎮座大鷲神社稲毛神社境内社●大鷲神社は稲毛神社の境内末社

お守り

「厄除守」は厄や災いを除ける御守（800円）

お守り

「さけまもり」は災難と酒難除けに加えて鮭の習性にちなんで無事の帰還を守る（800円）

DATA

稲毛神社

創建／不詳

本殿様式／神明造

住所／神奈川県川崎市川崎区宮本町7-7

交通／JR・京浜急行「川崎駅」から徒歩7分

参拝時間／自由

御朱印授与時間／9:00～17:00

URL https://www.takemikatsuchi.net/

＼神社の方からのメッセージ／

江戸時代から親しまれている「川崎山王祭」は8月2日の例祭を中心とした8月初旬に行われる祭礼です。例祭以降最初の土曜日には町内みこし連合渡《と》御《ぎょ》、日曜日に神社の神輿が出る神幸祭が行われます

平安時代末期に山王権現を祀ったことから、「河崎山王社」「堀之内山王権現」などと呼ばれるようになりました。川崎山王祭では神輿を担ぐとき、全員が神輿に背中を向けます。これは神様に息がかからないようにとの配慮からとも考えられています

パワーストーンが難病を癒やしてくれる

神奈川

鶴嶺八幡宮【つるみねはちまんぐう】

源家の守護神・石清水八幡宮を完成したのが最初。境内の湘南淡嶋神社はがん封じや女性守護の御利益があります。

境内末社の湘南淡嶋神社の御祭神はスクナヒコナノミコト。「医薬の神」「女性の守護神」ともいわれています

湘南らしい松並木の参道を進み、太鼓橋を過ぎると境内が広がります。横参道手前には「女護《めご》が石」があり、お願いごとを唱えながら石をさすり、自分の体を撫でると祈願成就や病気平癒の御利益があるといわれます。宮鐘前に茂るナギの木は、葉がなかなかちぎれないため「縁結びの木」とも呼ばれます。社殿右手、樹齢千年の大イチョウより生命力あふれるパワーを頂きましょう。癌封じは湘南淡嶋神社へ参拝。

奇石「癌封《がんふう》じ石《いし》」に病気平癒祈願

湘南淡嶋神社社殿の右手にある癌封じ石と、体の悪い所を交互にさすり、「祓えたまえ」「清めたまえ」と3回念じると病気平癒のパワーが頂けます

主祭神
応神天皇《オウジンテンノウ》

ほかにも開運などの御利益が……

「神鳩」は八幡様のお使い。「鳩みくじ」に願いごとを書き、写真の神鳩の前に奉納すれば祈願成就の御利益があるとされています

お守り

「癌封じ御守」（1500円）の袋はガン予防になるという野菜・カボチャ模様

御朱印帳

表は本殿と大銀杏。裏は神輿と烏帽子岩に茅ヶ崎のご当地キャラ「えぼし麻呂とミーナ」、「縁を繋ぐ」の意味の龍体文字を配した御朱印帳（1500円）

墨書／奉拝、鶴嶺八幡宮　印／相州茅ヶ崎鎮座、鶴嶺八幡宮（八の字が向かい鳩）、月替わりの「えぼし麻呂（茅ヶ崎のご当地キャラ）」スタンプ　●鶴嶺八幡宮の境内末社・湘南淡嶋神社の御朱印もいただけます（詳しくはP.14）

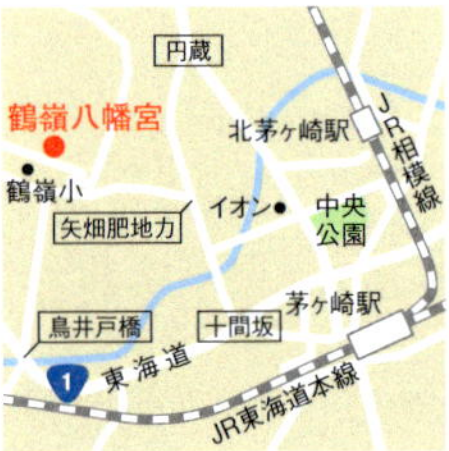

DATA

鶴嶺八幡宮

創建／1030（長元3）年　本殿様式／入母屋造
住所／神奈川県茅ヶ崎市浜之郷462
交通／JR「茅ヶ崎駅」北口から神奈中バス9分、「鶴嶺小学校前」から徒歩3分
参拝時間／自由　御朱印授与時間／8:00〜15:00
URL https://tsuruminehachimangu.com

神社の方からのメッセージ

癌封じの祈祷が終わった後に湘南淡嶋神社の「癌封じ石」をさすっていたら鳩が肩に止まりました。励まされたのだと思い治療に専念したら癌を克服することができましたと、お礼参りに来られた参拝者が話してくれました

鶴嶺八幡宮と寒川神社（P.69）の合同のお祭り「浜降祭」は毎年、7月の海の日に開催されます。午前3時、境内には町内の神輿が集まり、茅ヶ崎の南湖海岸へと向かいます。浜辺に到着すると、神事を行い、禊をします。30基を超える神輿が集まる祭礼です

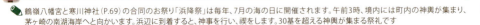

秘法の御祈祷で病魔退散!

社殿の向きから「西向き八幡」、また虫封じ、難病封じの御利益から「封じの宮」とも呼ばれてきました。

埼玉

行田八幡神社

【ぎょうだはちまんじんじゃ】

主祭神

誉田別尊《ホンダワケノミコト》　気長足姫尊《オキナガタラシヒメノミコト》

比売大神《ヒメオオカミ》

ほかにも安産、必勝などの御利益が……

病の予防または治癒を祈願する秘法の御祈祷があることで知られ、「封じの宮」と呼ばれてきました。パワースポットは境内の小さな社のなかに祀られた黄金の桃「なで桃」。桃は古来、難病・災難除けの象徴とされてきました。神社で頒布している「なで桃ハンカチ」でこの桃をなでると御利益が頂けるとのこと。眼病平癒の目の神社《かみしゃ》もあります。

延命長寿、厄災消除に「なで桃」

イザナギノミコトが黄泉の国から逃げ帰るとき、悪鬼に桃を投げつけ、難を逃れたという神話から、桃は魔除けの果実となりました

墨書／奉拝、封じの宮、行田八幡神社　印／虫封、八幡神社、八幡神社埜印　●眼病、皮膚病などあらゆる病気を封じる力があるので「封じの宮」の呼び名が墨書で書かれています。目の神社の御朱印も(右)

墨書／奉拝、目の神社　印／眼病平癒祈願の絵馬、社紋、行田八幡神社境内鎮座　●絵馬に描かれているのは「むかいめ」

御神宝の「神功皇后三韓征伐凱旋之図《じんぐうこうごうさんかんせいばつがいせんのず》」(鈴木其一作)は行田市の有形文化財に指定

御朱印帳はP.23で紹介!

お守り

「なで桃守」(800円)はお守りについている桃を日々なでると御利益が

DATA

行田八幡神社

創建／1189(文治5)年頃
本殿様式／権現造
住所／埼玉県行田市行田16-23
交通／秩父鉄道「行田市駅」から徒歩7分、JR「吹上駅」から車10分
参拝時間／自由　御朱印授与時間／10:00～16:00
URL https://www.gyodahachiman.jp/

神社の方からのメッセージ

当社ではガンをはじめ諸病を封じる特別祈願があります。この祈願は秘法として伝わる祈願です。祈願を受けられた方には、一つひとつ手作りで奉製しているお札「秘伝の神符」をお渡ししています

境内にある瘡守《かさもり》稲荷社は吹き出物、湿疹、美肌の御利益、目の神社は眼病平癒、視力回復に御利益のある神様をお祀りしています。7月下旬の土・日曜に行われる「八坂祭」では各町内の山車や神輿が練り歩く祭礼で、市民祭「行田浮き城まつり」と同時開催です

キレイを目指す女子を女神がサポート

赤城山頂上に広がる湖の畔に立ち
鮮やかな社殿に美しい赤城姫をお祀りしています。

群馬

赤城神社

【あかぎじんじゃ】

赤城山頂上の大沼湖《おのこ》に浮かぶ小鳥ヶ島に立っています。赤城山と湖の神・赤城大明神を祀っています。神社の方によると「湖の神様は赤城姫という、きれいなお姫様で女性の願いならなんでも力を与えてくれます」とのこと。美人になって良縁を得たいという願いも大丈夫です。御朱印は本殿に向かって右側の授与所で書いていただけます。

御神橋を渡ってお参り

神社はカモが人々を幸せにするために、この地に残り島となったと伝わる小鳥ヶ島にあり、朱塗りの御神橋「啄木鳥橋《きつつきばし》」を渡って行きます。遠くに地蔵岳を望みながら、静かに歩きましょう

主祭神

赤城大明神《アカギダイミョウジン》

ほかにも開運招福、学業成就などの御利益が……

みんなのクチコミ!!

冬は神社周辺が氷と雪の世界になり一層、厳粛なムードに（ひめ）

墨書／上毛野國赤城山頂、延喜式内名神大社、奉拝　印／赤城神社　●創建年代は不明ですが、最も古い記述は806（大同元）年に神蔵岳（後の地蔵岳）より大沼の畔に遷宮されたとあります。ここは原始山岳信仰の神様をお祀りする神社です

御朱印帳

紫の御朱印帳をP.23で紹介!

御朱印帳（3000円）は十二単をまとった御祭神の赤城姫の柄。赤色以外に黒、桃、紫、山吹がある

お守り

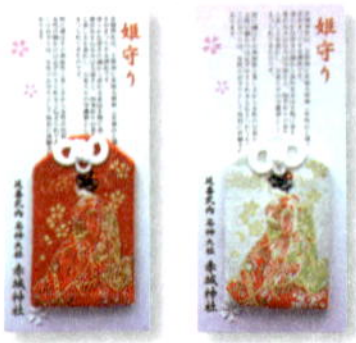

女性の願いをかなえ、守ってくれる「姫守り」（1000円）

DATA

赤城神社

創建／不明
本殿様式／権現造
住所／群馬県前橋市富士見町赤城山小鳥ヶ島
交通／JR「前橋駅」から関越交通バス33分終点の「富士見温泉駅」乗り換え、赤城山行きで39分「赤城広場」下車
参拝時間／9:00～16:00（土日祝は17:00）
御朱印授与時間／9:00～16:00（土日祝は17:00）
URL http://akagijinja.jp/

神社の方からのメッセージ

常に清浄を心掛け、気持ちよく参拝していただけるようにしています。女性の願いがかなう神社として女性の神職、巫女がご奉仕します。良縁成就、厄除け、どのような御祈願も神様にお取り次ぎいたします

神社のある大沼湖は標高1345mに位置する湖です。その源は御神水と呼ばれる湧水で古来、朝廷や幕府に献上されてきました。毎年、5月8日の「山開き祭・例大祭」にはこの水を持ち帰り、各村の田の口に注ぎ、その年の豊穣を祈願するのが習わしです

まだまだあります！

編集部オススメ！授与品

安産祈願や子供の健康、長寿を願う授与品は心が和むようなデザインと色使い。病気平癒や病気予防のお守りは、快復への切実な願いがかなうよう特別な祈祷がされた授与品です。

水天宮・寳生辨財天 P.109　安産や魔除けの御利益！ カッパ&わんちゃん

安産の御利益で有名な水天宮の授与品はお産が軽い犬にあやかった縁起物と御祭神のお使いで福を招くカッパをモチーフにしたユニークな授与品

安産子育河童

水難除けの御利益でも有名。「河童土鈴」（1500円）

魔除け、招福の「河童面」（1500円）は鬼門にかける

子宝いぬ

犬はお産が軽いことから安産のお守りに。「福犬（小）」（2000円）

編集部のクチコミ
水天宮の御祭神のお使いはカッパ。カッパは水難除けや火災防止の御利益があります。そこでお守りにもユーモラスなカッパのお守りがあるんです

行田八幡神社 P.115　封じ守

「封じ守」とは病魔を遠ざけ、病気に侵されないよう、そして病気の治癒または進行をくいとめる御祈祷をしたお守りです

病を封じる！

「癌封守」（1500円）は予防、治癒、転移のないように祈願するお守り

治癒が難しい難病が治る、またはかからないよう祈願する「難病封守」（1500円）

編集部のクチコミ
病気封じのお宮といわれているだけに健康を守ってくれるお守りや絵馬が豊富に揃っています

特別祈祷限定！

秘伝とされる作り方で奉製された「神符」はガン、難病などあらゆる病気から健康を守ってくれるお札

病から快復する！

「よくなる守」（700円）は病気から快復する力を授けてくれる

鶴嶺八幡宮 P.114　美と健康のお守り

女性を心身の病から救い、健康を守ってくれるパワーが頂けるお守りです

「女人守護」は女性の美と健康を祈願する御守（800円）

社紋の鶴と御神木大イチョウの葉が刺繍された「健康守」（500円）

"心身ともに健康で美しく"内面磨きに欠かせない「美（うつくし）守」（500円）

編集部のクチコミ
女性が求める心身の願いに御利益があるお守り！ よくばって全部揃えて持ちたい！

ほかにもオススメのお守りや授与品がこんなにあります！

酒列磯前神社 P.107
米俵など縁起物を集めて奉製された置き物「当たりマス熊手」（2000円）

なかにしまえる

國領神社 P.111
御神木の千年乃藤を鈴に描いた「鈴守」（1000円）と「まもり鈴」（1000円）

阿豆佐味天神社 P.112
境内にある蚕影神社は猫の守り神。猫のお守り（800円）を授与

稲毛神社 P.113
「大銀杏染め健勝堅固守」はご神木の葉で染めた生地を使用した健勝堅固の御守（1000円）

Expert's technique

ツウに聞く！御朱印の頂き方

御朱印ファンのなかには、こだわりをもって集めている人が少なくありません。ここでは御朱印ビギナーにも参考になるこだわりやテクニックをご紹介します。

ひとつの神社専用御朱印帳を作る

会社の近くに烏森神社があります。そこで烏森神社のオリジナル御朱印帳を買い、同社専用にしました。だから、一冊まるごと烏森神社の御朱印です。でも、頂いた日によって書き手が違うから、全部、字の雰囲気が違っておもしろいです。

I・Sさん　28歳

歴史上の人物が御祭神の御朱印を頂いています

私はいわゆる歴女です。日光東照宮や松陰神社、鎌倉宮など歴史上の人物を祀った神社の御朱印を頂くとテンションUP。最近では長野県上田市の眞田神社で六文銭の印が入った御朱印を頂いたときには感動しました。

E・Oさん　30歳

御朱印を頂くタイミングも重要！

御朱印所は8時から10時ぐらいが空いています。観光バスが来るような大きな神社だと10時以降は結構混みます。午後は15時以降が空くようです。参拝前に御朱印帳を受付に渡して、番号札をもらい、参拝後に引き換えるという神社が増えています。その場合、たまに間違えられることがあるので必ず確認。また御朱印帳には自分の名前を書いておくこと。

S・Hさん　31歳

大切な出合いを逃がさないために！バッグの中に御朱印帳

仕事の合間など、ちょっと時間ができたときに近くの神社に行きます。ですから御朱印帳は必ずバッグに入れて、どこに行くのにも持ち歩いています。また汚れないようにカバーをかけてあります。

N・Hさん　30歳

御朱印で金運UP！

宝くじが趣味。そこで金運と勝運に御利益がある神社の御朱印を集めています。もちろん、御朱印帳は埼玉県秩父の銭神様こと聖神社で買ったオリジナル御朱印帳です。

K・Yさん　27歳

オオクニヌシ様にお願い！

縁結びの御利益を期待して最初に御朱印をもらったのが出雲大社。それから、御祭神のオオクニヌシノミコトが祀られている神社の御朱印だけで御朱印帳を埋めました。結婚後の今は夫婦円満を願ってイザナギ・イザナミか、スサノオ・クシイナダヒメか、夫婦神が祀られている神社専用の御朱印帳を作りました。

M・Tさん　32歳

神社のウェブサイトをしっかりチェック

神社では祭日や期間限定など、限定の御朱印を書いてくれるところがあります。限定御朱印の情報は神社によってはウェブサイトに記載があります。FacebookやXなどSNSを活用している神社も多いので、レア情報ゲットに役立ちます。ない場合は祭礼日を調べて、現地に行ってみます。

A・Oさん　29歳

頂く場所はさまざま。お留守の場合は次回に！

「御朱印所」と明記された場所や「授与所」がなかったら「社務所」を訪ねましょう。ただ、小さい神社だと社務所は神主さんのご自宅の場合もあるのでお留守のことも。その場合はいさぎよく諦めてまた来ましょう。あくまでも御朱印は参拝のおまけと考えています

M・Sさん　29歳

第三章

御利益別！今行きたい神社

Part5

仕事・学業

受験、ビジネス、キャリアアップ……ちょっと行き詰まったなと思ったら、迷わず参拝！神様のパワーを頂けば、元気と自信が湧いてくるはず。

関東屈指の参拝者数を誇る神社で必勝祈願

関東エリアにおける合格祈願の参詣者数トップを誇る湯島天満宮と商売繁盛を御利益とする稲荷神社のなかで、初詣の人出が関東一の笠間稲荷神社。どちらも人生の分かれ目で成功を勝ち取りたい人に力をくれる頼りがいのある神社です。

絶対行きたい オススメ神社 1

東京

湯島天満宮【ゆしまてんまんぐう】

受験・就職に強大なパワーを発揮！

関東三大天神のひとつとして受験生でにぎわいます。境内は江戸時代から梅の名所として有名でした。

関東三大天神とは湯島天満宮（天神）、亀戸天神社、谷保天満宮のこと。そのなかで湯島天満宮は合格祈願の参詣者数1位。御祭神は学問の神様・菅原道真公と困難を乗り越える力をもつアメノタヂカラオノミコト。受験や就活でよい結果を出したい時に力を与えていただけます。境内には約300種の梅があり、春には梅の香りが受験生を癒やしてくれます。

重厚な総檜造《そうひのきづくり》の本殿と拝殿は必見

本殿・拝殿は1995（平成7）年に建立された純木造。樹齢250年と言われる木曽檜がふんだんに使用されています。正面屋根は鳥居から社殿が立派に見えるよう考慮して「妻」と称される三角部分を大きく建築しています

主祭神

菅原道真公《スガワラミチザネコウ》　天之手力雄命《アメノタヂカラオノミコト》

ほかにも開運などの御利益が……

お守り

資格勝得守（1000円）は、資格を取って有利に就活を進めたい人にも人気

御朱印帳

御朱印帳は天神様の梅を配した表紙（2000円）

墨書／奉拝、湯島天満宮　印／湯島天満宮印
●菅原道真は書道の達人。そこで御朱印も流麗な文字で書かれています。よく呼ばれる「湯島天神」という社名は、一般に親しまれている通称です

DATA

湯島天満宮

創建／458（雄略天皇2）年　本殿様式／権現造
住所／東京都文京区湯島3-30-1
交通／地下鉄千代田線「湯島駅」から徒歩2分、JR「御徒町駅」から徒歩8分
参拝時間／6:00〜20:00　御朱印授与時間／9:00〜17:30（書き置きは19:30まで）
URL https://www.yushimatenjin.or.jp/

取材スタッフのこぼれ話

手水舎の近くには石造りの臥牛（がぎゅう）があります。これは昔から「撫で牛」として親しまれ、自分の体の悪いところと同じ部分をなでると病が治るとされています。

神社の方からのメッセージ

当社では1月から4月頃までは干支の絵馬、4月から12月までは牛に乗られた天神様の絵馬を授与しています。どちらも開運と合格を祈願する絵馬です。ダルマが描かれたお礼参り用の絵馬もあります

湯島天満宮の男坂下には「湯島聖天」があります。ここはかつて湯島天満宮の別当寺だった寺院ですが、明治の廃仏毀釈で天満宮から独立しました。境内には江戸時代から有名な「柳の井」という名水が湧き、お水取りができます。厄除けのパワースポットです

絶対行きたい
オススメ神社 2

茨城

笠間稲荷神社

【かさまいなりじんじゃ】

仕事を成功に導くチカラを授ける

関東はもとより、全国から大勢の参拝者が訪れるお稲荷さん。ビジネスの守り神として親しまれています。

主祭神
宇迦之御魂神《ウカノミタマノカミ》

ほかにも交通安全、厄除けなどの御利益が……

楼門を抜けると白い敷石の境内が明るく輝いています。正面には銅瓦屋根が堂々とした拝殿がどっしりと立ちます。御祭神は五穀豊穣、産業を盛んにする神様。江戸時代には農家、商家のお参りが多くなり、現在ではビジネスの守り神として信仰を集めています。初詣は稲荷神社としては関東一の人出があり、仕事始めの日にお参りに訪れる会社員の姿も多く見られます。

本殿裏の「狐塚」もパワースポット

お稲荷さんといえば神様のお使いはキツネ。本殿の裏に回ると、キツネの石像がいっぱい安置されている「狐塚」があります。このキツネ像たちは福を運ぶパワーがあると言われています

墨書／奉拝、胡桃下、笠間稲荷神社　印／常陸笠間鎮座、笠間稲荷神社参拝印　●太古の時代、この地にクルミが群生。そこに稲荷大神様がお祀りされていたことから「胡桃下稲荷」と呼ばれており、御朱印に胡桃下とあります

拝殿前に建つ「萬世泰平門」と呼ばれる楼門は1961（昭和36）年竣工。堂々とした造りは重層入母屋造という建築様式です。門の左右に安置された神像は神域を守り、浄化しています。

御朱印帳はP.22で紹介！

取材スタッフのこぼれ話

神苑には2株のフジが茂り、樹齢はともに約400年に及ぶ。そのうちの1株は八重藤で県の天然記念物に指定されており、ブドウの実のように集合して花が咲く珍しい種類です

DATA
笠間稲荷神社
創建／651（白雉2）年
本殿様式／権現造
住所／茨城県笠間市笠間1
交通／JR水戸線「笠間駅」から徒歩20分
参拝時間／6:00～16:00
御朱印授与時間／8:00～16:00
URL http://www.kasama.or.jp/

神社の方からのメッセージ

4月9日の例大祭は当社創建の日とされ、最も重要な祭事です。この日は正装した神職による神事のほかに県下醸造元からの銘酒奉納による献酒祭も行われます。また境内には抹茶が飲める茶席もあり、気軽にひと休みできます

毎年10月中旬から境内で開催される「笠間の菊まつり」は日本で最も古い菊の祭典です。第１回は1908（明治41）年にまで遡り、2025年には118回目を迎えます。今や県外からも観光バスが訪れるほど。立菊や懸崖菊など、期間を通して約5000鉢の菊が境内を彩ります

学問好きの将軍が土地を寄進

学問の神様の子孫が創建した神社。努力する姿に神様が力を与えてくれます。

東京

亀戸天神社

【かめいどてんじんしゃ】

もとは九州の太宰府天満宮の神官で、学問の神・菅原道真公の末裔という初代大鳥居信祐《おおとりいしんゆう》公が亀戸の小さな祠に道真公の御神像をお祀りしたのが始まり。学問好きの江戸幕府4代将軍・徳川家綱から土地を寄進された信祐公は、太宰府天満宮にならって池や橋を配した境内を造営しました。1、2月の受験シーズンには、合格祈願の参拝客で境内はいっぱいです。

過去・現在・未来を表す3つの橋

池と橋を人間の一生に見立て、最初の太鼓橋（男橋）は過去を、次の平橋は現在を、最後の太鼓橋（女橋）は未来を表しています。写真は女橋

主祭神

菅原道真公《スガワラノミチザネコウ》

ほかにも商売繁盛、厄除け、縁結びなどの御利益が……

みんなのクチコミ!!

本殿東側にある御嶽神社は菅原道真の学問の師を祀り、商売繁盛と開運の御利益があるそうです（みけ）

墨書／奉拝、亀戸天神社　印／東宰府、亀戸天神社、元准勅祭十社之内(もとじゅんちょくさいじっしゃのうち)

●元准勅祭社とは明治時代に祭事の際に天皇からの勅使（使者）が遣わされた神社だったことを指します

御朱印帳

品のよい紫色の御朱印帳（1000円）には梅、藤、太鼓橋の刺繍が

お守り

祈願申し込みのはがきが入った学業お守り（1000円）

「五歳の菅公」像。台座には五歳の時に詠んだとされる和歌が刻まれています

DATA

亀戸天神社

創建／1662（寛文2）年
本殿様式／唐破風八棟造
住所／東京都江東区亀戸3-6-1
交通／JR・地下鉄「錦糸町駅」から徒歩15分、JR「亀戸駅」から徒歩15分
参拝時間／自由　御朱印授与時間／8:30～17:00
URL http://kameidotenjin.or.jp/

神社の方からのメッセージ

毎年1月24日、25日に行われる「うそ替え神事」は江戸時代から続く神事です。「うそ」は幸運を招く鳥とされています。神職が手作りした木彫りの「うそ」（大きさにより500円～7000円）は開運のお守り。この日だけ授与します

亀戸天神社は藤の名所。15の藤棚に50株の藤が咲きます。毎年4月上旬～4月下旬には「藤まつり」を開催、日没から22：00までは藤棚のライトアップを実施。また10月第4日曜日から11月下旬には「菊まつり」が行われ、本殿の正面には見事な菊の鉢植えが並びます

合格祈願と御朱印帳で有名

父・菅原道真公の死後、霊を弔うため、三男の菅原道武公が建立しました。

東京

谷保天満宮

【やぼてんまんぐう】

主祭神

菅原道真公《スガワラノミチザネコウ》

菅原道武公《スガワラノミチタケコウ》

ほかにも交通安全、厄除けなどの御利益が……

父・菅原道真公を弔うために道武公が父の木像を祀ったのが最初。学問の神様として親しまれています。谷保天満宮を目的地とする日本初のドライブツアーの成功以来、交通安全祈願も多くなりました。かわいさで有名な御朱印帳は女性の参拝客が多かったために発案されたのだとか。約6000坪の広大な境内は緑豊かでのどかです。

交通安全発祥の地

1908(明治41)年、都心から谷保天満宮までを往復する日本で最初のドライブツアーが行われ、事故がなく成功したことに由来しています

みんなのクチコミ!!

1月中旬から3月にかけては境内で約350本の梅が開花するそう。合格祈願に訪れた時、受験のストレスを癒やしてくれました(やぼてん)

墨書/奉拝、東日本最古之天満宮、谷保天満宮　印/梅の印、紅わらべの舞の印、谷保天満宮印、天満宮社務所
●墨書にもあるとおり、東日本にある天満宮としては最古の歴史を誇り、関東三大天神のひとつに数えられます

御朱印帳

梅の花がデザインされたパステル調の表紙が人気。小(右・2000円)、大(左・2500円)

お守り

「合格御守」(800円)は祈願がこもった御神筆一本付き

社務所2階には宝物殿があり、阿形と吽形一対の「木造獅子狛犬」や、藤原経朝筆の木造扁額「天満宮」などの重要文化財や社宝が数多く展示されています。開館/日曜・祝日の10:00〜15:30

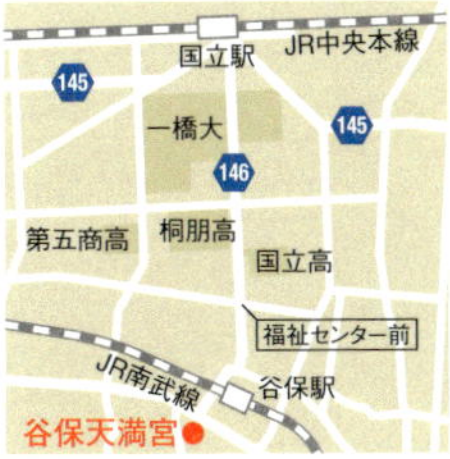

DATA

谷保天満宮

創建/903(延喜3)年
住所/東京都国立市谷保5209
交通/JR南武線「谷保駅」から徒歩3分
参拝時間/自由
御朱印授与時間/9:00〜16:30
URL https://www.yabotenmangu.or.jp/

神社の方からのメッセージ

毎年9月24日、25日の例大祭では古式獅子舞の奉納があります。この獅子舞は949(天暦3)年2月25日、村上天皇より獅子頭3基と天狗面を下賜された時から始まったとされ、国立市無形民俗文化財です

使い古した筆や文房具を収めた「筆塚」。毎年、初天神(1月25日)と近い日曜日には筆塚の前で不要になった筆や文房具を燃やし、書道・勉学の向上を祈願する筆供養が行われます

「男坂」を上って、目指せキャリアアップ！

神社入口に立つ大鳥居から境内にいたる男坂は出世運に御利益がある石段です。

東京

愛宕神社

【あたごじんじゃ】

社殿には大鳥居から「男坂」と「女坂」、ふたつのルートがあります。キャリアアップを目指すなら、傾斜約40度、86段の急な石段「男坂」を上りましょう。この坂は江戸時代、馬で駆け上がって出世した武士の故事から「出世の石段」とも呼ばれています。社殿の手前には「招き石」があり、ていねいになでると福を招くといわれています。

男坂（出世の石段）を上って仕事運向上

写真の男坂を上がると仕事運アップの御利益があるとされています。男坂は急坂ですが、女坂はなだらか。9月の大祭（隔年）では神輿も男坂を上がります。

主祭神

火産霊命《ホムスビノミコト》

ほかにも防火、防災、良縁などの御利益が……

みんなのクチコミ!!

愛宕神社が立つ愛宕山は標高26m。自然の地形としては東京23区内で最も高い山だそうです（まこ）

墨書／伏火之総本社　印／芝愛宕山、愛宕神社

●伏火とはこの神社に防火、防災の御利益があることを表しています。印にある芝とは神社の立つ港区が江戸時代には芝と呼ばれていたことに由来します

御朱印帳

「出世の石段」と呼ばれる急な参道が表紙の御朱印帳（1400円）

お守り

仕事運向上の「勝運守」（1600円）

社殿前の赤い門は「丹」という日本独特の赤い顔料で塗られた丹塗りの門。丹塗りは虫害や腐食から木材を守ってくれます

DATA

愛宕神社

創建／1603（慶長8）年　本殿様式／神明造

住所／東京都港区愛宕1-5-3

交通／地下鉄日比谷線「神谷町駅」から徒歩5分、地下鉄銀座線「虎ノ門駅」から徒歩8分、日比谷線「虎ノ門ヒルズ駅」から徒歩5分

参拝時間／自由

御朱印授与時間／9:00〜16:00（年始は変動あり）

URL https://www.atago-jinja.com/

＼神社の方からのメッセージ／

企業にお勤めの方が参拝して役職が上がったなど、仕事上の願いごとがかなったとお礼参りに見える方がたくさんいらっしゃいます。皆さんの「心の氏神様」として末永くお付き合いいただけるよう、心を込めてご奉仕しています

本殿に並ぶ美しい胡蝶蘭は参拝者からの奉納です。胡蝶蘭は「幸福が飛んでくる」「変わらぬ愛」という花言葉がある縁起のよい花です。神社がある愛宕山には放送専門のミュージアムとしては世界初の「NHK放送博物館」もあります

ハマのえびす様にビジネス繁盛祈願

明るい表情のえびす様の御朱印が災難を除け、困難に勝つ力をくれる。

神奈川

富岡八幡宮【とみおかはちまんぐう】

御朱印の中央には御祭神の蛭子尊（えびす様）が描かれています。商売繁盛と豊漁の神で、さまざまな困難に打ち勝つ力を与えます。神社は源頼朝が鎌倉幕府の災難除けのため鎌倉の鬼門にあたる海に面した小山に建立。1311（応長元）年の大津波から、付近の村落を守ったことから「波除八幡」とも呼ばれるようになりました。

珍しい社叢林《しゃそうりん》は横浜市天然記念物

社殿北東の斜面には関東地方では珍しい、スダジイという種類の木が茂った社叢林があります。木の高さは18mもあります

主祭神

八幡大神《ハチマンオオカミ》　蛭子尊《ヒルコノミコト》

天照皇大神《アマテラスオオカミ》

ほかにも招福、勝運、厄災防除などの御利益が……

墨書／奉拝　印／ハマのえびす様、エビス様、富岡八幡宮　●中央に配されているのは幣と鈴をもって神楽を舞う七福神のエビス様の絵（書き置きのみの対応）

墨書／奉拝　印／神印、富岡八幡宮　●「宝珠」と呼ばれる神紋が押されたシンプルな御朱印です（書き置きのみの対応）

御朱印帳

別名「波除八幡」にふさわしい波を描いた表紙（1200円）

お守り

「うまくいくお守り」（1000円）は強運に導く御守

DATA

富岡八幡宮

創建／1191（建久2）年
本殿様式／流造
住所／神奈川県横浜市金沢区富岡東4-5-41
交通／京浜急行「京急富岡駅」から徒歩8分、シーサイドライン「並木北駅」から徒歩10分
参拝時間／自由
御朱印授与時間／9:00～17:00
URL https://www.tomioka80000goo.org

＼神社の方からのメッセージ／

創始以来、受け継がれてきた特殊神事に「祇園舟」があります。毎年7月の例大祭で行われるこの神事では青茅《あおかや》で作った楕円形の小さな舟「祇園舟」に一年間の罪穢を託し、神社の前の海に流し、豊穣と豊漁に感謝します

9月秋季大祭と2月、11月の初卯の日には「卯陪従《うべえじゅう》」として、釜に湯をたぎらせ、神楽を舞う湯立神楽が行われます。この日、お参りすると一年間参拝したと同じだけの御利益があるとされます。神社には幕末期に江戸の商人が奉納し、神楽に使われている釜が残っています

就活成功・仕事運向上祈願はここへ

御祭神である応神天皇の皇太子は日本で初めて中国の書籍を学んだ秀才です。

神奈川

前鳥神社
【さきとりじんじゃ】

御祭神は論語などの漢籍を日本で最初に学んだとされています。また、渡来人の技術者を大切にし、農業・土木建築の発展にも貢献しました。学問、資格試験、就職、ビジネスで成功する力を授けていただけます。拝殿前に茂る松は「幸せの松」と呼ばれ、落ち葉のなかから、4つになっている葉を見つけると幸せになれると言われています。

主祭神
蒬道稚郎子命《ウジノワキイラツコノミコト》

ほかにも招福、安産、開運などの御利益が……

受験合格·学業成就祈願なら「奨学神社」
本殿の右手に建つのは奨学神社。御祭神に学問を教えた師である渡来人と天神様で有名な菅原道真をお祀りする学業成就を願う神社です

墨書／奉拝、相模國四之宮 前鳥神社　印／前鳥神社
●前鳥神社は8世紀の養老年間(717〜724年)に4番目に格式の高い神社として四之宮と呼ばれていました

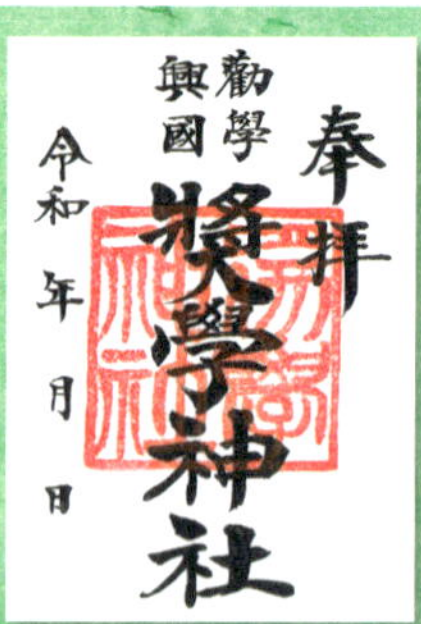

墨書／奉拝、勧学興國 奨学神社
印／奨学神社
●「勧学興國」とは学問で国を豊かにするという意味です

鳥居をくぐってすぐ左手にある祖霊社の狛犬は笑っているように見えると参拝者に人気です

御朱印帳

カラフルな御朱印帳(1800円)は9月の例祭での神輿渡御が表紙

お守り

「天職守」(1500円)。就職成就、転職成就。あなたに合ったお仕事が見つかりますように

DATA
前鳥神社
創建／推定368(仁徳天皇56)年
本殿様式／三間社流造
住所／神奈川県平塚市四之宮4-14-26
交通／JR「平塚駅」から本厚木駅南口行バス10分「前鳥神社前」下車、徒歩3分
参拝時間／自由　御朱印授与時間／8:00〜17:00
URL https://www.sakitori.jp/

神社の方からのメッセージ

親子三代にわたって合格祈願に来ているという方がいらっしゃいます。就職成就祈願を済ませて帰宅したら内定通知が届いていたとの報告を受けたこともあります。気持ちよくお参りしていただけるよう、毎日の清掃を入念に行っています

毎年5月5日と9月27日の「麦振舞《むぎふるまい》」は神輿の担ぎ手に力飯などをふるまう神事。9月28日の「神輿宮入神事《みこしみやいりしんじ》」は平塚市指定重要無形文化財に指定されています

神奈川

多くの武将があつく崇敬した

箱根神社【はこねじんじゃ】

奈良時代、箱根大神の御神託により万巻上人が創建した古社。かつては、源頼朝、徳川家康など将軍にまでのぼりつめた武将たちから、開運・心願成就の神様としてあつく信仰されていました。現在でも企業興隆を願う財界人の参拝も数多い、関東総鎮守です。

御祭神
箱根大神《ハコネオオカミ》

ほかにも心願成就、交通安全などの御利益が……

墨書／奉拝　印／箱根神社　●印に墨書がかからないように書かれています。印の文字はシンプルかつスタイリッシュ。「箱根」の印は躍動感のある書体の印です

御朱印帳

表紙には神門が描かれています（1500円）

お守り

カードタイプなので身に付けやすい「仕事守」（500円）

DATA

箱根神社

創建／757（天平宝字元）年　本殿様式／権現造
住所／神奈川県足柄下郡箱根町元箱根80-1
交通／JR東海道線・小田急小田原線「小田原駅」下車、箱根町行き箱根登山バスで60分、「元箱根」から徒歩10分
参拝時間／自由。駐車場開門は7:00～17:00、神門開門は5:00～18:00（4月～11月）、6:00～17:00（12月～3月）
拝観料／無料（宝物殿は大人500円、小人300円。団体割引25名以上）
御朱印授与時間／8:15～17:00
URL https://hakonejinja.or.jp/

埼玉

開拓者精神で一流を目指す

高麗神社【こまじんじゃ】

御祭神「高麗王若光」は、その昔朝鮮半島から渡来した高麗人の仲間とともに未開の地を開拓し、首長になりました。そのことから政治家や文学者、歴史家など多くの著名人が参拝に訪れています。また参拝後に総理大臣となった政治家が多く「出世明神」とも呼ばれています。

主祭神
高麗王若光《コマノコキシジャッコウ》

ほかにも子孫繁栄、家内安全などの御利益が……

墨書／高麗神社　印／高麗郷鎮守、高麗神社、花の印　●高麗郷（現在の埼玉県日高市・飯能市付近）の鎮守様であることを示す印を右上に押印。花の印は毎月変わる12種類に加えて1月の初詣と11月菊花展のものも。（詳しくはP.17）

御朱印帳

かつて原野を開拓した高麗人の姿を思わせる御朱印帳（御朱印込み1700円）

墨書／水天宮　印／高麗郷鎮守、高麗水天宮　●境内にある水天宮の御朱印

DATA

高麗神社

創建／奈良時代
本殿様式／一間社流造
住所／埼玉県日高市新堀833
交通／JR川越線「高麗川駅」から徒歩20分、西武池袋線「高麗駅」から徒歩45分
参拝時間／自由　御朱印・授与品・祈願受付時間／8:30～17:00
URL https://www.komajinja.or.jp/

狙いを定め成功を願う人に力をくれる

源氏一の弓の名手・那須与一が屋島合戦で必勝を祈願。見事、戦いに勝利し、社殿や鳥居を寄進しました。

栃木

那須温泉神社
【なすゆぜんじんじゃ】

源氏の武将・那須与一は、平家との戦い「屋島合戦」で敵から海上に掲げられた扇の的を弓で射てみよとの挑戦を受けます。御祭神に的中を祈願し、弓を射ると見事に的中し、戦いにも勝利。凱旋した与一は大社殿、鳥居を寄進したと伝わります。そこで大事な試験や仕事などで目標を定め成功を祈願すれば成就する力を授けてくれるとされています。

「生きる」という名の御神木

拝殿の手前、参道の右手にある御神木は樹齢800年と推定されるミズナラの大木。「生きる」と名付けられているように、近づくだけで強い生命力を感じさせます

主祭神

大己貴命《オオナムチノミコト》　少彦名命《スクナヒコナノミコト》

誉田別命《ホンダワケノミコト》

ほかにも家内安全、病気平癒、縁結びなどの御利益が……

みんなのクチコミ!!

神社から徒歩10分ほどの所に、白い鹿に導かれて発見されたという温泉「鹿の湯」があり、地元の人や観光客に人気（しかお）

墨書／奉拝、温泉神社　印／那須与一祈願社、下野國 延喜式内 温泉神社 那須湯　●「那須与一祈願社」とは与一が祈願した神社という意味。右の御朱印にも「延喜式内」の記述がありますが、飛鳥時代にすでに存在した古社であることを表しています

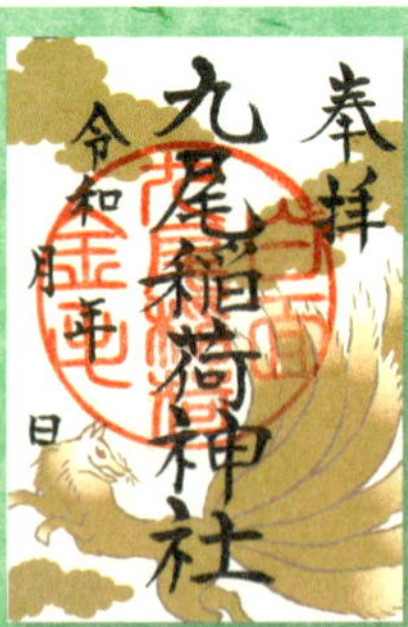

墨書／奉拝、九尾稲荷神社　印／白面金毛九尾稲荷　●那須の伝説に登場する白面金毛九尾の狐を祀る境内社の御朱印

御朱印帳

御朱印帳（1600円）は弓を射る那須与一を表に、裏には境内社に祀る九尾の狐が刺繍されている

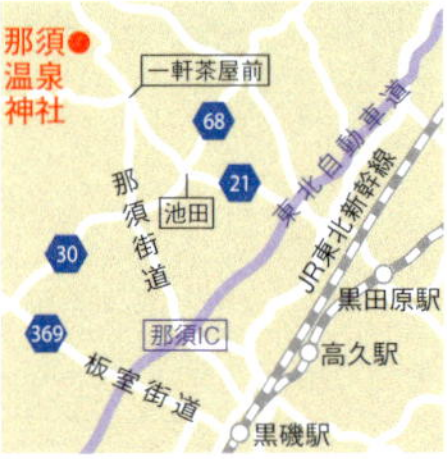

DATA

那須温泉神社

創建／630（舒明天皇2）年
本殿様式／寝殿造
住所／栃木県那須郡那須町湯本182
交通／JR「黒磯駅」から那須湯本行きバス35分湯本二丁目下車
参拝時間／自由　御朱印授与時間／9:00～16:00
URL https://nasu-yuzen.jp/

＼神社の方からのメッセージ／

毎年10月8日、9日には例大祭が行われます。8日は湯汲祭《ゆくみさい》、調湯祭《ちょうとうさい》、献湯祭《けんとうさい》を開催。温泉の恵みに感謝するお祭りです。9日は御神輿が町内を渡御し、阿波踊りなどが奉納されます

創建は神様に導かれて温泉を発見した狩人が、神社を建立したのが最初と伝わります。大鳥居をくぐると左手に「大和さざれ石」があります。このさざれ石は神霊が宿るとされ、触れると願いがかなうといわれています

仕事も学業も雷電パワーにおまかせ

群馬

雷電神社【らいでんじんじゃ】

3柱の主祭神の総称が雷電様。強い力で仕事や学業成就をサポートしてくれます。

雷電様は雨と雷を発生させ、水と火の働きを左右する、強い力のもち主。電気・通信関連の仕事や工事の安全に力を授けていただけます。また、学問の神様・菅原道真も祀られているので、受験生は試験合格へ導く力も頂けます。本殿は正面の真ん中に一本柱が立ち、左右に扉が付くという、全国的にも珍しい造り。群馬県指定重要文化財になっています。

主祭神

火雷大神《ホノイカヅチノオオカミ》　大雷大神《オオイカヅチノオオカミ》

別雷大神《ワケイカヅチノオオカミ》　菅原道真公《スガワラノミチザネコウ》

ほかにも厄除け、方位除け、雷除けなどの御利益が……

美人長命の御利益がある弁財天

境内にある弁財天の石像。授与所で頒布している「卵抱白蛇御守」にお願いごとを書いた紙を入れ、石像の足元に奉納し、成就を祈ります

みんなのクチコミ!!

境内の八幡宮稲荷神社は国指定の重要文化財です（レイ）

地震除けの「なまずさん」。この像をなでると自信が湧いてくると伝わっています

墨書／総本宮、上州板倉、雷電神社　印／雷電様、雷電神社　●関東地方に数多くある雷電神社の総本宮です。神社の方は御朱印には御神徳がこもっていますと言います

御朱印帳

御朱印帳（1800円）はシックな黒地に境内に約400本ある蝋梅《ろうばい》の模様が美しい

お守り

開運・招福、そしてあらゆる災難から守ってくれる「なまず御守」（800円）

「雷」が名前につく神様がいっぱい！

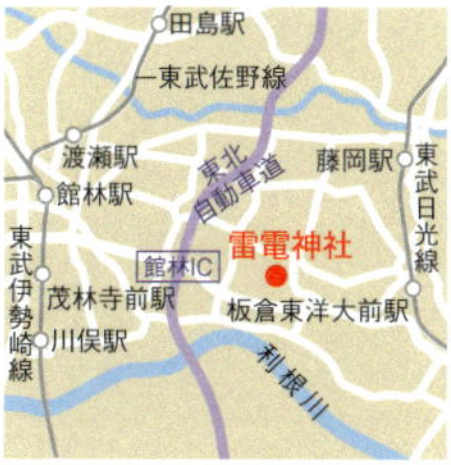

DATA

雷電神社

創建／598（推古天皇6）年頃
本殿様式／二間社権現造
住所／群馬県邑楽郡板倉町板倉2334
交通／東武日光線「板倉東洋大前駅」から車10分
参拝時間／自由
御朱印授与時間／9:30〜16:00
URL http://www.raiden.or.jp

神社の方からのメッセージ

7月第2日曜日10:00〜15:00は美卵奉献日です。この日は授与所で卵1個を差し上げています。これを弁財天にお供えしてから、持ち帰り、その日のうちに調理して頂くと開運や厄除けの御利益ががあるといわれています

雷電神社には福禄寿が祀られ、館林七福神のひとつ。ほかは尾曳稲荷神社（弁財天）、普濟寺（布袋尊）、善長寺（寿老尊）、茂林寺（大黒天）、善導寺（毘沙門天）、長良神社（恵比寿神）です。毎年1月3日〜31日には各寺社で宝船色紙を授与。七福神の御朱印札がいただけます

偉人にあやかる！

仕事・学業御利益神社

神話に出てくる神様を祀るだけでなく、歴史に名を残した人物を御祭神としている神社も少なくありません。歴史を動かした人物や命がけで国を守った英雄たちの没後、彼らを称え、偉業にあやかろうという後世の人々が神として祀りました。偉人のパワーあふれる御利益神社をご紹介します。

栃木

蒲生神社【がもうじんじゃ】

蒲生君平没後九十九年祭の際、栃木県民から声が上がり、1926(昭和元)年に神社本殿が竣工。境内には地元ゆかりの横綱・明石志賀之助の石碑があり、触ると健康になるとか。御祭神の命日の7月5日に例大祭を開催。

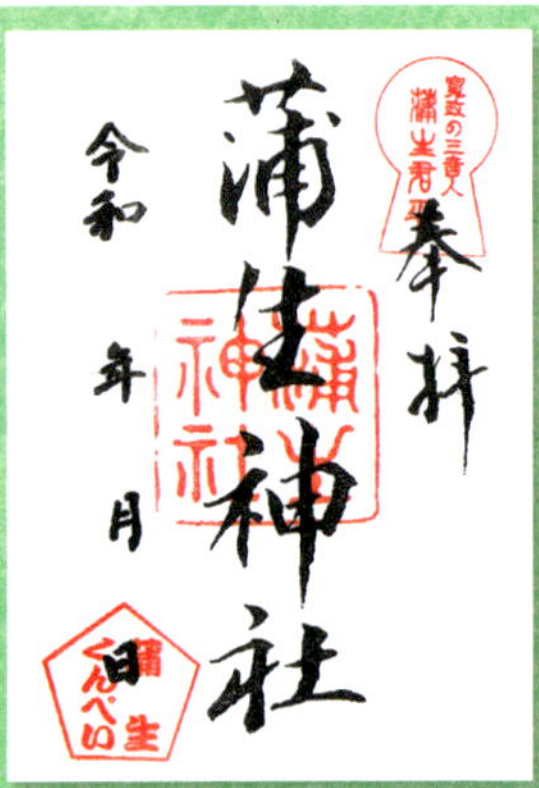

墨書／奉拝、蒲生神社　印／寛政の三奇人 蒲生君平、蒲生神社、蒲生くんぺい　●右上の印は前方後円墳を示しています

御祭神の肖像が描かれた学業成就・合格祈願の絵馬(800円)

蒲生君平 がもうくんぺい

宇都宮市に生まれた江戸後期の学者。全国の天皇陵や旧跡をめぐり、『山陵誌』を著す。この書物のなかで「前方後円墳」という表記を初めて用いた。

DATA

住所／栃木県宇都宮市塙田5-1-19

URL https://www.gamoujinja.com/

神奈川

報徳二宮神社【ほうとくにのみやじんじゃ】

二宮尊徳の生誕地である小田原市の小田原城内に1894(明治27)年創建。大飢饉に際し、尊徳が藩主を説得して米蔵を開いたことにより小田原領民は救われました。拝殿の礎石は、その米蔵の礎石を用いています。

墨書／小田原城内鎮座、報徳二宮神社　印／報徳、相模國報徳二宮神社　●鎮座地は小田原城二の丸小峰曲輪の一角です

二宮尊徳の肖像が描かれた合格祈願などの願掛け絵馬(1000円)

御朱印帳はP.22で紹介！

二宮尊徳 にのみやそんとく

江戸後期の思想家。農家に生まれ、農作業の合間をみては勉学に励む。知識と経験から、現在の信用組合に似た組織を作り、農村を貧困から救った

DATA

住所／神奈川県小田原市城内8-10(小田原城址公園内)

URL http://www.ninomiya.or.jp/

東京

小野照崎神社

【おのてるさきじんじゃ】

御祭神が和歌や絵画に優れていたことから、芸術家、音楽家の参拝も多く、願掛けをした役者が映画で主役の座を射止め、国民的俳優になったという逸話も。境内には国の重要有形民俗文化財の江戸時代に築かれた高さ6mの富士塚がそびえる。

境内の織姫・稲荷神社は縁結びと仕事向上に御利益あり

小野篁《おののたかむら》

平安時代の初期に生きた学者・政治家。皇太子付きの教育官を務め、法律書『令義解《りょうのぎげ》』を編纂。漢詩、和歌、書道、絵画に優れた才能を発揮した。

DATA

住所／東京都台東区下谷2-13-14

URL http://onoteru.or.jp/

墨書／学問芸能、奉拝　印／小野照崎神社、つがいの文鳥　●小野照崎神社の絵馬にも描かれている文鳥の「文」は学問を意味するとか

東京

松陰神社

【しょういんじんじゃ】

神社の位置する世田谷区若林は江戸時代には長州藩の別邸があり、幕府により処刑された松陰の亡骸を高杉晋作らが埋葬したところ。松陰墓所の鳥居は明治の政治家・木戸孝允の奉納。境内には松下村塾を模した家屋があります。

お守り

「志守」（1000円）は松陰直筆の「志」の文字を刺繍。困難に打ち勝つお守り

吉田松陰《よしだしょういん》

幕末の長州藩士で教育者。松下村塾を開き、高杉をはじめ維新で活躍した多くの英傑が入門。その教育が幕府にとって危険であるとされ死罪となる。

DATA

住所／東京都世田谷区若林4-35-1

URL https://www.shoinjinja.org/

墨書／松陰神社　印／参拝記念、松陰神社、東京鎮座　●参拝印は松陰の家紋をアレンジしたもの

東京

東郷神社

【とうごうじんじゃ】

生前は海軍の名将として、現在では勝利と至誠の神様として崇敬を集める東郷平八郎を祀る神社です。「氏の人徳や偉業を後世に伝えるために」と日本中から海軍省に届いた要望と浄財で1940（昭和15）年に創建されました。

そのほかの御朱印帳はP.22で紹介！

御朱印帳

御朱印帳（1500円）の表紙には東郷平八郎が詠んだ和歌が書かれている

東郷平八郎《とうごうへいはちろう》

海軍士官。日露戦争で連合艦隊司令長官としてバルチック艦隊を撃破した武功で特に知られるが、国際法にも強く、国際問題解決に尽力した。

DATA

住所／東京都渋谷区神宮前1-5-3

URL https://togojinja.or.jp/

墨書／奉拝、東郷神社　印／勝、社紋、東郷神社　●「勝」の印が珍しい。紫の社紋は東郷の家紋である優美な蔦紋です

まだまだあります！

編集部オススメ！授与品

「まゆ玉」や「だるま」など工夫を凝らしたおみくじが人気です。「だるま」の置き物は商売繁盛の縁起物。合格祈願では「合格守」だけでなく「勝守」も試験に勝てるお守りとして人気があります。

谷保天満宮 P.123　お札用台紙

お札は頂いたのはいいけどお祀りする神棚がなくて困っている人も多いはず。谷保天満宮ではお札が飾れるオリジナル台紙を頒布しています。お札をこの台紙にセットして、市販のフォトフレームに入れてお部屋にお祀りしてはいかがでしょう。

編集部のクチコミ
3種類の台紙があるので選ぶのにものすごく迷ってしまいました

オリジナル台紙は、天照皇大神宮・谷保天満宮のお札をふたつ頂くと購入できます

梅の柄のオリジナル台紙（200円）

フレームによって雰囲気が変わります✿

木製フレーム例

アクリルフレーム例

小野照崎神社 P.131　まゆ玉でできたおみくじ

絹は神様への神聖なお供え物とされています。そこで、神社では絹布になる前の「まゆ玉」で2種類のおみくじを制作。まゆ玉を開くと中におみくじが入っています。どちらのまゆ玉も、願いを込めて結び処に奉納するか、記念に持ち帰ることもできます。

「幸せみくじ」（500円）のまゆ玉には福を招く鳥、フクロウが描かれている。ストラップ付きで持ち歩ける

「まゆ玉みくじ」（300円）。まゆ玉を縛ってあるカラフルな糸で境内にある「結び処」にくくりつける

編集部のクチコミ
「幸せみくじ」には祈願を書き込める用紙「願い文」付き。願いを書いてまゆ玉に入れ、お守りとして身に付けられます

富岡八幡宮 P.125 & 愛宕神社 P.124　だるま

両社はビジネスを成功に導く神様をお祀りしています。そこで商売繁盛の祈願が込められた縁起物のだるまをモチーフにした授与品があります。

富岡八幡宮の「えびすだるま」（2000円）は金の鯛を持つ恵比寿様が描かれた商売繁盛のお守り

編集部のクチコミ
愛宕神社のだるまみくじはよく見ると少しずつ顔が違います。表情で選ぶもよし。かっこよさで選ぶもよし

愛宕神社ではだるまの「おみくじ」（600円）を授与。だるまの底からおみくじを取り出します

ほかにもオススメのお守りや授与品がこんなにあります！

蒲生神社 P.130
「合格守」（1200円）。お守り袋は縁起がよい満開の桜を刺繍

東郷神社 P.131
日露戦争を勝利に導いた御祭神・東郷平八郎にあやかった「勝守」（800円）

亀戸天神社 P.122
悪いことをウソに変え、幸運にするという鳥「うそ」にちなんだ「うそ鈴」（800円）

那須温泉神社 P.128
弓の名人・那須与一にあやかった心願成就のお守り「一矢必中守」（800円）

雷電神社 P.129
「雷除（らいよけ）」（700円）。人や家など、あらゆるものを落雷から守ってくれる

Part6

レア御利益

デートのお天気、料理上達、迷子のペット探しなど、生きていると尽きないのがお願いごとや悩みごと。そんな時こそ、神様にお願いしてみましょう！

◆芸能浅間神社（花園神社）／日比谷神社（東京）
◆松島神社（東京）／波除神社（東京）
◆鉄砲州稲荷神社（東京）／市谷亀岡八幡宮（東京）
◆気象神社（東京）／鷲神社（東京）
◆高家神社（千葉）／所澤神明社（埼玉）
◆まだまだあります！ 編集部オススメ！ 授与品

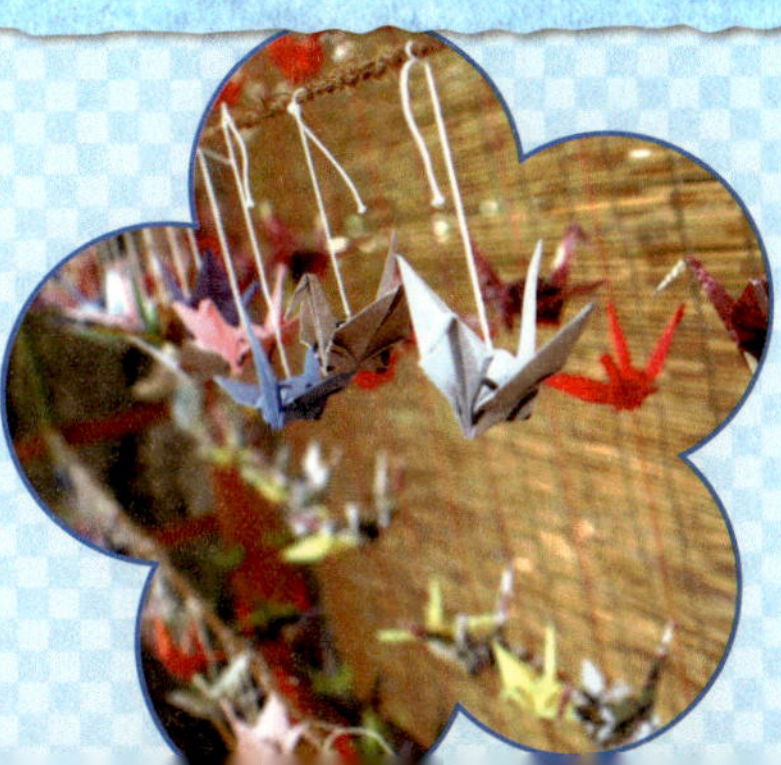

歌、踊り、アートの上達祈願ならこちら

東京

芸能浅間神社（花園神社）

【げいのうせんげんじんじゃ（はなぞのじんじゃ）】

花園神社の境内に立つ、小さな富士塚の上に社があります。花園神社は江戸時代から、境内で芝居興行を行うなど芸能に縁の深い神社。現在でも演劇、歌、芸能関係者の信仰を集め、多くの芸能人がヒット祈願に訪れます。宇多田ヒカルの母・藤圭子の歌碑もあります。

主祭神

木花之佐久夜毘売《コノハナノサクヤヒメ》

ほかにも縁結びなどの御利益が……

御朱印帳も花園神社のもの

御朱印帳

花園神社の社殿と桜の花の御朱印帳（1000円）

お守り

「芸道成就守」（1000円）は芸能上達のお守り

墨書／奉拝、新宿総鎮守、花園神社　印／桜、花園神社　●御朱印は花園神社の印のみになります。墨書に「新宿総鎮守」とあるように江戸開幕の時代から新宿の総鎮守とされていました

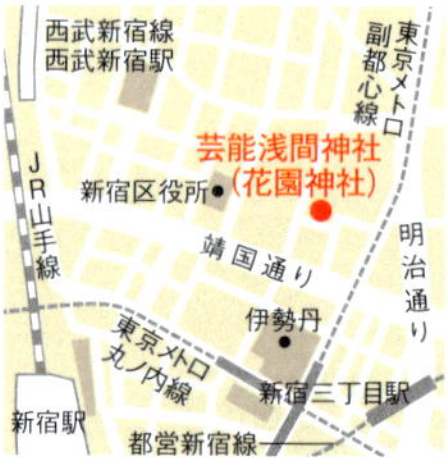

DATA

花園神社

創建／不明　本殿様式／不明

住所／東京都新宿区新宿5-17-3

交通／JR・地下鉄・京王線・小田急線「新宿駅」から徒歩7分、地下鉄「新宿三丁目駅」から徒歩3分

参拝時間／自由

御朱印授与時間／9:00～18:00

URL http://hanazono-jinja.or.jp/

虫歯・無病息災に御利益大

東京

日比谷神社

【ひびやじんじゃ】

かつては現在の日比谷公園内にありましたが、江戸時代に移転。別名を「鯖稲荷」と言います。虫歯に苦しむ人が祈祷を受け、サバを食べないで祈誓すると治癒したので、お礼にサバを奉納する習慣があったそうです。近代的なビルに囲まれながら、不思議な伝承が残る神社です。

御朱印や授与品は拝殿右の授与所で頂けます

御祭神

豊受大神《トヨウケノオオカミ》

祓戸四柱大神《ハライドノヨツバシラノオオカミ》

ほかにも旅行安全、勝運などの御利益が……

お守り

虫歯痛だけでなく、病気全般の苦しみを癒やしてくれる「癒守」（800円）

墨書／奉拝、日比谷神社　印／東京都港区東新橋鎮座、日比谷神社、日比谷神社印　●別名「鯖稲荷」だけに、鯖が描かれています。旅人の助けとなっていたことから「旅泊（さば）稲荷明神」と呼ばれており、新橋移転後に鯖稲荷に転じたそうです

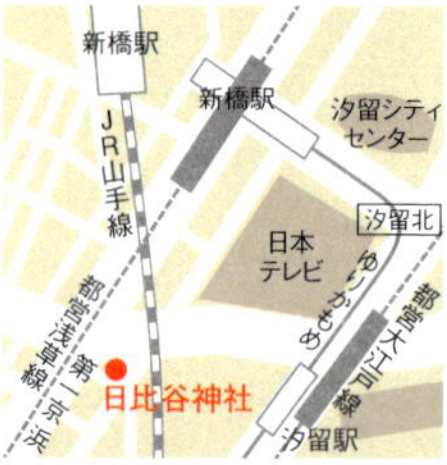

DATA

日比谷神社

創建／不明

本殿様式／流造

住所／東京都港区東新橋2-1-1

交通／JR・地下鉄「新橋駅」から徒歩5分、ゆりかもめ・都営地下鉄「汐留駅」から徒歩3分

参拝時間／自由

御朱印授与時間／10:00～17:00（水曜は授与所休み）

URL https://www.hibiyajinja.net/

みんなのクチコミ!!

山手線の車窓から社殿が見えますよ（きょん）

よい夢を見て、正夢にしてもらう

東京

松島神社【まつしまじんじゃ】

参拝後に頂きたいのは珍しい「良《りょう》夢《む》札《ふだ》」。願いごとを書いて枕の下に入れて眠ると願いがかなう夢が見られるというお札です。そしてよい夢を見たら、お札を神社に持参するとそれが正夢になるよう祈願してもらえます。主祭神のほか、日本橋七福神のひとつ「大国様」も祀られています。

墨書／参拝、松島神社　印／日本橋人形町、社紋、松島神社　●社紋の稲穂は主祭神の稲荷大明神を表しています。日本橋七福神めぐりのための大国様の御朱印もあります

御朱印帳

松と菊が刺繍された豪華な表紙（2500円）

お札

「良夢札」（1000円）。願いごとを書く紙片に描かれた大国様は宮司が描いているとか

DATA

松島神社

創建／鎌倉時代以前

本殿様式／流造

住所／東京都中央区日本橋人形町2-15-2

交通／地下鉄「人形町駅」から徒歩5分、「水天宮前駅」から徒歩2分

参拝時間／自由

御朱印授与時間／随時

主祭神

稲荷大明神《イナリノオオカミ》　伊邪那岐大神《イザナギノオオカミ》

伊邪那美大神《イザナミノオオカミ》

ほかにも縁結び、開運招福、商売繁盛などの御利益が……

みんなのクチコミ!!

日本橋七福神のうち大国様が祀られています（ちゃお）

荒波を乗り切るパワーを授かる

東京

波除神社【なみよけじんじゃ】

江戸時代、築地の埋め立てを行う際、お稲荷様を祀ったところ、波風が収まり、工事がスムーズに進んだという伝承から、工事の安全や社会の荒波を乗り切る御利益があるとされています。困難にぶつかったら、マスト参拝。獅子殿には重さ1トンもの獅子頭が安置されています。

墨書／築地　印／獅子頭、干支印、波除神社　●印は神社名の周囲を波の模様が囲んでいます。獅子頭の印は獅子殿の「厄除天井大獅子」を表しています。干支印は3カ月ごとに色変更

（右）食品を扱う市場のある築地に立つ神社らしい「玉子塚」。（左）厄除けの御利益がある獅子頭を祀る獅子殿

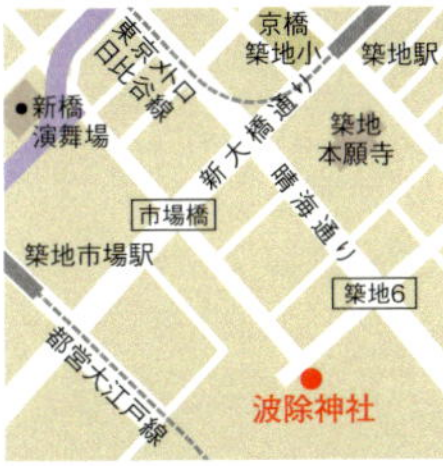

DATA

波除神社

創建／1659（万治2）年

本殿様式／神明造

住所／東京都中央区築地 6-20-37

交通／地下鉄「築地駅」から徒歩7分、都営地下鉄「築地市場駅」から徒歩5分

参拝時間／自由　御朱印授与時間／9:00～17:00

URL http://www.namiyoke.or.jp/

主祭神

稲荷大神《イナリノオオカミ》

ほかにも交通安全、商売繁盛、厄除け、蓄財、勝運などの御利益が……

みんなのクチコミ!!

境内には築地らしい「鮟鱇《あんこう》塚」「海老塚」「すし塚」などユニークな塚があります（リリコ）

海上を守る神様に渡航の無事を祈願

東京

鐵砲洲稲荷神社【てっぽうずいなりじんじゃ】

江戸時代の水運「江戸湊」の入口に鎮座していたことから、船乗人の海上守護の神として崇敬されてきました。現在も渡航安全・旅行安全などの御利益で知られ、船舶関係の企業の人々も多く訪れます。毎年1月開催の健康を願う神事「寒中水浴大会」も有名です。

富士山の熔岩を用いた富士塚で、頂上に末社の鐵砲洲富士浅間神社が鎮座。毎年7月1日のみ登拝が可能です

お守り

社紋入りの「懐中守」(700円)は全体運アップのお守り

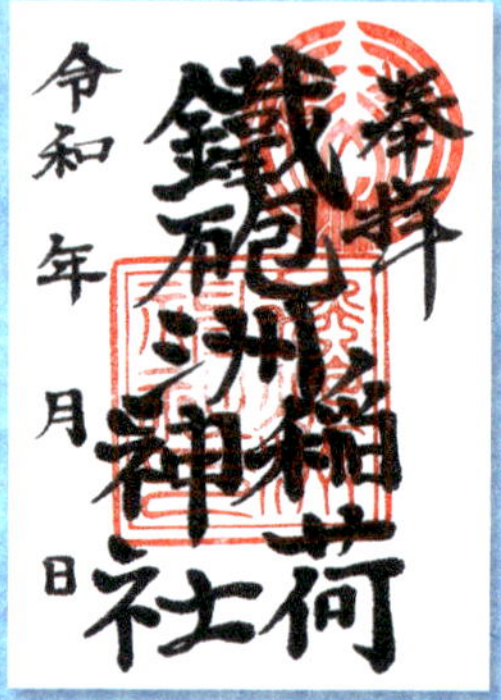

墨書/奉拝、鐵砲洲稲荷神社　印/社紋、鐵砲洲神社印　●「鐵砲洲」は中央区湊の古い地名。細長い地形が鉄砲の形に似ていたことが由来という説があります

DATA
鐵砲洲稲荷神社
創建/841(承和8)年
本殿様式/権現造
住所/東京都中央区湊1-6-7
交通/JR・地下鉄「八丁堀駅」から徒歩5分、地下鉄「新富町駅」から徒歩10分
参拝時間/自由
御朱印授与時間/9:00～15:00
URL http://www.teppozujinja.or.jp/

主祭神
稚産霊神《ワクムスビノカミ》　豊受比売神《トヨウケヒメノカミ》
宇迦之御魂神《ウガノミタマノカミ》

ほかにも商売繁盛、厄除け、病気平癒などの御利益が……

ペットの健康を守ってくれる

東京

市谷亀岡八幡宮【いちがやかめがおかはちまんぐう】

境内にはペット連れの参拝者がいっぱい。3柱の御祭神はあらゆる生き物を災難や病魔から守ってくれるパワーにあふれており、ペットの病気回復や手術成功、長寿の祈願ができます。初詣では厄除けのために設けられた茅の輪を飼い主とペットが一緒にくぐり、一年間の無事を祈願します。

お守り

飼い主とペットの名前を彫ってもらえる「彫り札お守り」(2000円～)ペット用は首輪につけられる

御祈祷は飼い主とペットの名前で申し込める。犬・猫以外にもイグアナなども御祈祷を受けたことがあるのだとか

墨書/奉拝、市谷亀岡八幡宮　印/鳥居、アマビエ、市谷龜岡八幡宮、市谷亀岡八幡宮之印
●御朱印は書き置きのみ。上記は令和7年1月時点の御朱印でデザインは不定期に変更されます

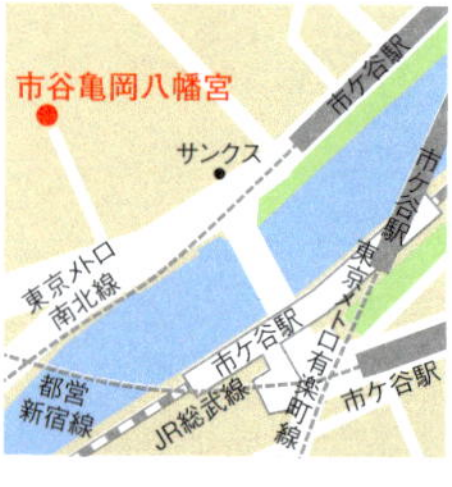

DATA
市谷亀岡八幡宮
創建/1479(文明11)年
本殿様式/八幡造
住所/東京都新宿区市谷八幡町15
交通/JR・地下鉄「市ヶ谷駅」から徒歩1～3分
参拝時間/自由
御朱印授与時間/13:00～16:00(土・日・祝日は9:00～16:00)
URL https://www.ichigayahachiman.or.jp/

主祭神
誉田別命《ホウダワケノミコト》　興登比売神《ヨトヒメノカミ》
気長足姫尊《オキナガノタラシヒメノミコト》

ほかにも厄除け、開運などの御利益が……

日本で唯一、お天気の神様

東京

気象神社【きしょうじんじゃ】

杉並区高円寺にある氷川神社の境内に祀られています。もとは高円寺北の旧陸軍気象部の構内にあったのが、戦後、現在地に遷座しました。天候は侵攻作戦に重大な影響を及ぼすため、天気を制御する神が祀られたのです。現在では気象予報士合格祈願のお参りが多いそうです。

氷川神社御朱印（右）　墨書／奉拝、高円寺鎮守、氷川神社　印／三つ巴の印（月替わり）
気象神社御朱印（左）　墨書／気象神社、奉拝　印／気象神社、日本唯一
●氷川神社と気象神社の御朱印は月替わりデザイン。それぞれの御朱印を合わせると見開きの絵に。2024（令和6）年9月はススキと月見団子を供えて鮮やかな満月を見るうさぎでした

氷川神社本殿の隣に祀られている気象神社

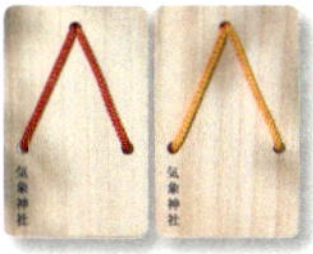

「下駄絵馬（800円）」は昔、下駄を飛ばして、裏返しなら雨、表なら晴天と天気を占ったことにちなむ

お守り

「晴守り」には『大切な日を晴れに』という願いが（800円）

主祭神

八意思兼命《ヤゴコロオオモイカネノミコト》

ほかにも家内安全などの御利益が……

みんなのクチコミ!!

例祭は6月1日。この日は統計上高い確率で晴天になる「晴れの特異日」だそう（てる）

DATA
気象神社
創建／1944（昭和19）年
本殿様式／神明造　住所／東京都杉並区高円寺南4-44-19
交通／JR中央線「高円寺駅」から徒歩2分
参拝時間／早朝～17:00
御朱印授与時間／9:00～16:00（不定休）
URL https://koenji-hikawa.com/kisho_jinja/

ゴルフ上達を祈願！

東京

鷲神社【おおとりじんじゃ】

縁起物の熊手を売る市が立つ「酉の市」発祥の神社として有名。最近、評判になっているのがゴルフ上達の御利益。それは社名の「鷲」が英語でイーグルだから。イーグルとはゴルフのスコアがよいことを指します。ゴルファーの参拝者の要望でスコア向上を祈願する「ゴルフ守」を頒布しています。

墨書／浅草田甫、鷲神社　印／なでおかめ、鷲神社　●浅草田甫とは江戸時代は神社周辺が田んぼであったことから。本文にもある「酉の市」の日には限定御朱印があります（右）

御朱印帳はP.23で紹介！

墨書／浅草酉の市起源発祥、鷲神社、一之酉　印／鷲神社　●酉の市の日の限定御朱印。上記は令和5年の酉の市御朱印で、デザインは毎年変更になります

お守り

「ゴルフ守」はお守りとゴルフ用具のひとつ「ゴルフマーカー」のセット（2000円）

主祭神

天日鷲命《アメノヒワシミコト》　日本武尊《ヤマトタケルノミコト》

ほかにも開運、商売繁盛、除災などの御利益が……

みんなのクチコミ!!

顔をなでるとさまざまな御利益がある「なでおかめ」も有名（詳しくはP.139）（キャディ）

DATA
鷲神社
創建／不詳　住所／東京都台東区千束3-18-7　交通／地下鉄「入谷駅」から徒歩7分　参拝時間／自由
御朱印授与時間／9:00～17:00
URL http://www.otorisama.or.jp/

日本で唯一の料理の神様!

千葉

高家神社

【たかべじんじゃ】

御祭神は第12代景行天皇にカツオとハマグリを調理して献上したところ、その腕を称賛されたという料理人。調理師免許受験生、飲食店関係者の参拝が多いとか。ヒゲタ醤油の工場内にも、こちらの神様が祀られているそうです。料理上達のお守りも各種あります。

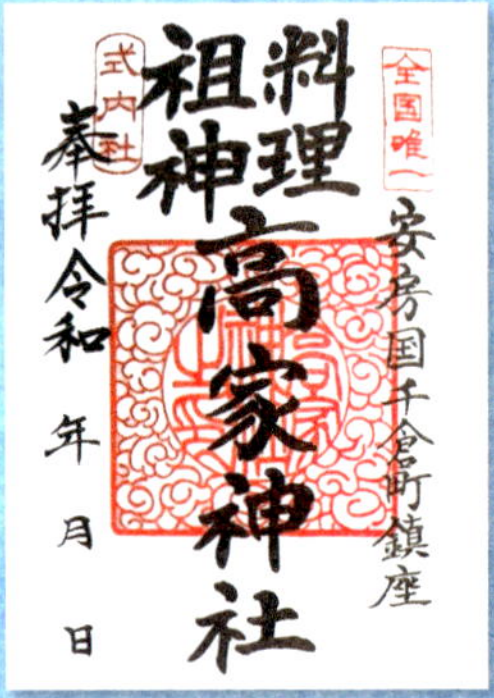

墨書／安房国千倉町鎮座、料理祖神高家神社、奉拝　印／全国唯一、高家神社の社印、式内社　●「安房国」は「あわのくに」と読み、南房総のこと

お守り

「料理上達御守」(800円)は和食の伝統を伝える神事、「庖丁式」の様子と社殿が描かれています

主祭神

磐鹿六雁命《イワカムツカリノミコト》

ほかにも家内安全、健康などの御利益が……

みんなのクチコミ!!

5月17日、10月17日、11月23日に「庖丁式」が行われます(みみ☆ママ)

DATA

高家神社

創建／927(延長5)年以前

本殿様式／神明造

住所／千葉県南房総市千倉町南朝夷164

交通／JR内房線「千倉駅」からタクシー5分

参拝時間／8:30～17:00

御朱印授与時間／9:00～17:00

URL https://takabejinja.com

出発前に旅行の安全祈願

埼玉

所澤神明社

【ところさわしんめいしゃ】

所沢の総鎮守。所沢は日本で初めて飛行場が造られた場所です。この飛行場から初飛行を行った徳川好敏《よしとし》大尉は飛行の前に所澤神明社に祈願し成功しました。そこで、今では渡航前に旅の安全を祈願する人が数多くお参りします。境内の鳥船神社は航空安全の神様です。

墨書／奉拝、神明社　印／武蔵國野老澤、神明社印　●「野老沢」とは所澤のこと。古くはこのような表記でした。「神明社」印の文字の周りを囲む意匠は天井を表す雲だそうです

航空安全・渡航安全の御神徳をいただく「渡航安全御守」(500円)

お守り

墨書／奉拝、鳥船神社　印／摂社、鳥船神社、所澤航空神社　●境内社・鳥船神社の御朱印

御朱印帳

日本の飛行機事業発祥の地にふさわしい表紙(1500円)

主祭神

天照大御神《アマテラスオオミカミ》

ほかにも縁結び、家内安全などの御利益が……

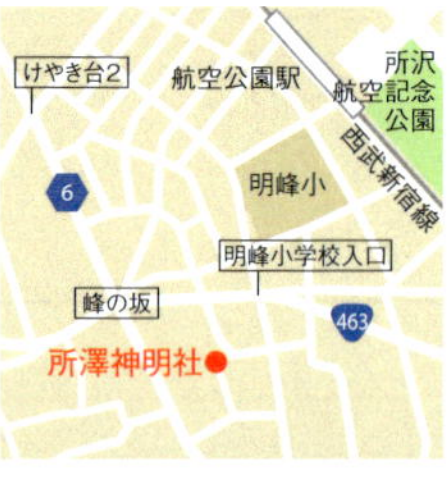

DATA

所澤神明社

創建／不明　本殿様式／神明造

住所／埼玉県所沢市宮本町1-2-4

交通／西武新宿線「航空公園駅」から徒歩8分

参拝時間／自由

御朱印授与時間／8:30～17:00

URL https://www.shinmeisha.or.jp/

まだまだあります!

編集部オススメ! 授与品

珍しい御利益を授けてくれる神社の授与品は、獅子頭やおかめをモチーフとしたものやカプセルタイプなど、形やお守り袋のデザインも個性的なものが揃っています。

波除神社 P.135 厄除《やくよけ》天井《てんじょう》大《おお》獅子《じし》&十二支《じゅうにし》燈籠《とうろう》干支《えと》めぐり

「干支めぐり守り」は祈願の内容によってお守りの中身の色が選べるユニークなお守り。「厄除け木獅子守り」は境内にある獅子殿にちなんだお守りです

紫:恋愛・良縁祈願
黄色:金運・商売繁盛
赤:学問・合格祈願
緑:健康・家内安全

同じ色のビー玉をふたつ取り、取った玉のひとつをお守り袋に入れて持ち帰り、もうひとつの玉は境内にある十二支燈籠の自分の干支の燈籠の下に納めると、願い玉の色の祈願が成就するといわれています

編集部のクチコミ
干支めぐりで納められたビー玉。築地という土地柄、商売繁盛の黄色が多かったように思います

干支めぐり守り
「干支めぐり守り」(800円)のお守り袋はかわいいチェック柄。色はピンクと緑の2種

厄除け木獅子守り

口が動くよ!

「厄除け木獅子守り」(2000円)はストラップ付きでバッグやポーチにくくり付けることができる

波除神社の境内にある獅子殿は巨大な獅子頭「厄除天井大獅子」が安置された、さまざまな願いごとをかなえてくれるパワースポット

日比谷神社 P.134 奇跡の御守

「奇跡の御守」(800円)は病気快復だけでなく、すべての運気を上昇させてくれると評判です

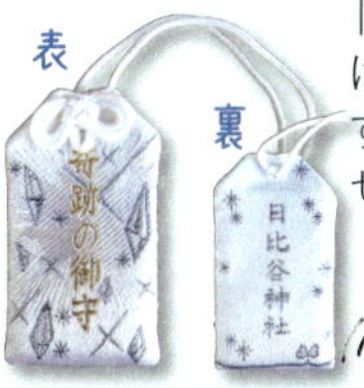

お守り袋は純白の生地にキラキラした輝きを表現したブルーの刺繍がおしゃれなデザインです

編集部のクチコミ
「奇跡の御守」を頂き、運動療法に励んだら、腰痛が和らいだような気がします

鷲神社 P.137 ミニなでおかめwith招き猫

「なでおかめ」のお守りは鷲神社の拝殿正面に安置されている、顔をなでると商売繁盛や金運、健康などの御利益がある「おかめ」のお面がモチーフ

なでおかめ

裏

おかめの顔を裏返すと招き猫になっている「なでおかめ」のお守り(1000円)

編集部のクチコミ
酉の市の時は、「なでおかめ」がなでられるのは拝殿で御祈祷を受けた参拝者に限られます

市谷亀岡八幡宮 P.136 鈴守り

ペットが身に付けられるバンダナのお守りや首輪に付けられるお守り、ペット用護符などさまざまな授与品があります

猫や犬などの首輪にも付けられる小型のお守り「鈴守り」(2500円)。アルミ製のカプセルタイプ

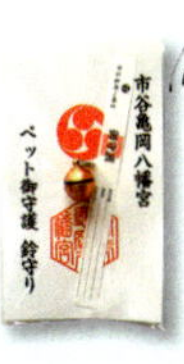

編集部のクチコミ
「鈴守り」のカプセルには飼い主の住所、電話番号が記入できる迷子札が入れられます

読者の皆さんからのクチコミを一挙公開！

御朱印&神社Information

今回、本書掲載の神社や残念ながら掲載できなかった神社の御朱印や境内などについて、「地球の歩き方御朱印シリーズ」愛読者の皆さんから、編集部に届いたさまざまなリアル情報をご紹介します。

本書掲載神社のクチコミ！

三峯神社【みつみねじんじゃ】

当時付き合っていた彼と参拝。縁結びの木のところに備え付けてある紙にお互いの名前を書いて納めました。その後、彼と結婚が決まり、現在も夫婦仲よく過ごしています

35歳・女性

神社の詳細は▶P.42

箱根神社【はこねじんじゃ】

妊娠中、同僚にもらった「安産御守」を身に付けていたら、安産で、産後の回復も早かったです

37歳・女性

神社の詳細は▶P.47、127

明治神宮【めいじじんぐう】

境内のパワースポットで有名なのは清正井ですが、亀石も知る人ぞ知る強力なパワスポ

不明・女性

神社の詳細は▶P.81

日光滝尾神社【にっこうたきのおじんじゃ】

日光二荒山神社のそばから行く山道が神域という感じがして本当にすばらしかったです。浄化されていく感じがします

47歳・女性

神社の詳細は▶P.57

東京大神宮【とうきょうだいじんぐう】

鈴蘭守についている社紋がとれた翌日に、気になっている人から連絡が！　それ以来大好きになった神社です。お守りは絶対買うべきです！

24歳・女性

神社の詳細は▶P.79

川越氷川神社【かわごえひかわじんじゃ】

毎月8日と第4土曜日に開催している良縁祈願祭はおすすめ！　縁結び専用の祈祷というだけあり、祈祷の3ヵ月後にプロポーズされ、翌年結婚。祈祷すると、入手困難な「縁結び玉」が必ず頂けるのもうれしい。朝早いスタートでしたが、たくさん人がいましたよ

30歳・女性

神社の詳細は▶P.88

皆中稲荷神社【かいちゅういなりじんじゃ】

宝くじが当たりそうな授与品も！

宝くじが当たるので人がいっぱいいる

30歳・女性

神社の詳細は▶P.97

走水神社【はしりみずじんじゃ】

案内をしてくれる人がとても親切でお砂取りもできるし小袋もくれる。ボランティアの人が近くの海で取って持ち帰りきれいに洗っているそうです。本殿の前は体が熱くなるようなパワーがあります。近くの叶神社もおすすめ

60歳・女性

神社の詳細は▶P.85

本書未掲載の神社のクチコミ！

江北氷川神社【こうほくひかわじんじゃ】

毎年異なる見開きの和歌の御朱印が頂けます

30歳・女性

東京都足立区江北2-43-8
https://www.hikawajinja.com/

廣幡八幡宮【ひろはたはちまんぐう】

厄除けの御利益あり

34歳・女性

千葉県柏市増尾895
https://www.hirohatahachimangu.com/

久伊豆神社【ひさいずじんじゃ】

「クイズ」と読めることから、クイズの神様としてテスト前などに御利益を享受しに来る人がたくさんいるらしい

44歳・女性

埼玉県さいたま市岩槻区宮町2-6-55
https://www.hisaizu.jp/

白鷺神社【しらさぎじんじゃ】

ヤマトタケルノミコトの日本一長い剣がある

62歳・男性

栃木県河内郡上三川町しらさぎ1-41-6
http://www.shirasagi.or.jp/

報徳二宮神社【ほうとくにのみやじんじゃ】

御朱印が毎回豪華！ 鳩の餌やりができたり、猫がいるのもおもしろい。神社の方が皆さんあたたかいです

19歳・女性

栃木県日光市今市743
https://ninomiya3.jp/

五條天神社【ごじょうてんじんじゃ】

「医療祖神」だけあり、医療関係の方々が多く訪れます。私も定期的に訪れます

44歳・女性

東京都台東区上野公園4-17
https://www.gojoutenjinsha.com/

三芳野神社【みよしのじんじゃ】

童歌「通りゃんせ」発祥の地と書かれた御朱印が頂けます

27歳・男性

埼玉県川越市郭町2-25-11

五所神社【ごしょじんじゃ】

神社名が書かれた御朱印とかわいい湯河原七福神の御朱印、両方頂けます。神社の前の道路の向かいにある樹齢推定850年の楠も迫力あり！

37歳・女性

神奈川県足柄下郡湯河原町宮下359-1
https://goshojinjya.com/

進雄神社【すさのおじんじゃ】

すてきな御朱印が頂けます！

51歳・女性

群馬県高崎市柴崎町801
https://susanoo.ne.jp/

草加神社【そうかじんじゃ】

御神木の御朱印を1年間集めると御朱印帳が頂けるという珍しさにひかれました。ほかにも、絵の具で描かれた季節ごとの御朱印もとてもかわいらしいです

24歳・女性

埼玉県草加市氷川町2118-2
https://www.sokajinja.jp/

お寺シリーズ

御朱印でめぐる
関東の百寺
〈坂東三十三観音と古寺〉
定価1650円(税込)

御朱印でめぐる
秩父の寺社
〈三十四観音完全掲載〉改訂版
定価1650円(税込)

御朱印でめぐる
高野山
三訂版
定価1760円(税込)

御朱印でめぐる
東京のお寺
定価1650円(税込)

御朱印でめぐる
奈良のお寺
定価1760円(税込)

御朱印でめぐる
京都のお寺
改訂版
定価1650円(税込)

御朱印でめぐる
鎌倉のお寺
〈三十三観音完全掲載〉三訂版
定価1650円(税込)

御朱印でめぐる
全国のお寺
週末開運さんぽ
定価1540円(税込)

御朱印でめぐる
茨城のお寺
定価1650円(税込)

御朱印でめぐる
東海のお寺
定価1650円(税込)

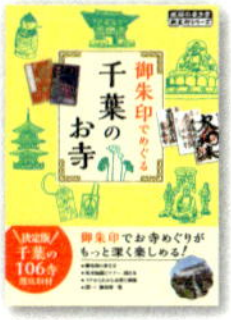
御朱印でめぐる
千葉のお寺
定価1650円(税込)

御朱印でめぐる
埼玉のお寺
定価1650円(税込)

御朱印でめぐる
神奈川のお寺
定価1650円(税込)

御朱印でめぐる
関西の百寺
〈西国三十三所と古寺〉
定価1650円(税込)

御朱印でめぐる
関西のお寺
週末開運さんぽ
定価1760円(税込)

御朱印でめぐる
東北のお寺
週末開運さんぽ
定価1650円(税込)

テーマシリーズ

寺社の凄い御朱印を
集めた本から鉄道や船の印を
まとめた1冊まで
幅広いラインアップ

御朱印でめぐる
東京の七福神
定価1540円(税込)

日本全国
この御朱印が凄い！
第弐集 都道府県網羅版
定価1650円(税込)

日本全国
この御朱印が凄い！
第壱集 増補改訂版
定価1650円(税込)

一生に一度は参りたい！
御朱印でめぐる
全国の絶景寺社図鑑
定価2497円(税込)

日本全国
日本酒でめぐる酒蔵
&ちょこっと御朱印〈西日本編〉
定価1760円(税込)

日本全国
日本酒でめぐる酒蔵
&ちょこっと御朱印〈東日本編〉
定価1760円(税込)

鉄印帳でめぐる
全国の魅力的な鉄道40
定価1650円(税込)

御船印でめぐる
全国の魅力的な船旅
定価1650円(税込)

関東版ねこの御朱印&
お守りめぐり
週末開運にゃんさんぽ
定価1760円(税込)

日本全国ねこの御朱印&
お守りめぐり
週末開運にゃんさんぽ
定価1760円(税込)

沿線シリーズ

人気の沿線の
魅力的な寺社を紹介。
エリアやテーマ別の
おすすめプランなど
内容充実

御朱印でめぐる
東急線沿線の寺社
週末開運さんぽ
定価1540円(税込)

御朱印でめぐる
中央線沿線の寺社
週末開運さんぽ
定価1540円(税込)

聖地シリーズ

山・森・水・町・島の
聖地として
お寺と神社を紹介

御朱印でめぐる
全国の寺社 聖地編
週末開運さんぽ
定価1760円(税込)

御朱印でめぐる
関東の寺社 聖地編
週末開運さんぽ
定価1760円(税込)

www.arukikata.co.jp/goshuin/ 検索

地球の歩き方　御朱印シリーズ 09

御朱印でめぐる関東の神社　週末開運さんぽ　改訂版

2025年2月18日　初版第1刷発行

著作編集　地球の歩き方編集室
発行人　新井邦弘
編集人　由良暁世
発行所　株式会社地球の歩き方
〒141-8425　東京都品川区西五反田 2-11-8
発売元　株式会社Gakken
〒141-8416　東京都品川区西五反田 2-11-8
印刷製本　開成堂印刷株式会社

企画・執筆　株式会社ワンダーランド〔山下将司・喜多野由依・大山美千子〕、馬渕徹至、岡田裕子
編集　株式会社ワンダーランド〔喜多野由依・山下将司〕、岡田裕子
アートディレクター　北原瑛美
デザイン　株式会社ワンダーランド〔湯浅祐子・松永麻紀子〕、北原瑛美
イラスト　株式会社ワンダーランド〔湯浅祐子〕、安久津みどり、ANNA、PIXTA
マップ制作　齋藤直己〔アルテコ〕
撮影　島崎雄史、新井谷武廣、齋藤正臣
写真協力　©PIXTA
編集・制作担当　今井歩、松崎恵子

●本書の内容について、ご意見・ご感想はこちらまで
〒141-8425 東京都品川区西五反田 2-11-8
株式会社地球の歩き方
地球の歩き方サービスデスク「御朱印でめぐる関東の神社　週末開運さんぽ　改訂版」投稿係
URL▶ https://www.arukikata.co.jp/guidebook/toukou.html
地球の歩き方ホームページ（海外・国内旅行の総合情報）
URL▶ https://www.arukikata.co.jp/
ガイドブック『地球の歩き方』公式サイト
URL▶ https://www.arukikata.co.jp/guidebook/

発行後に初穂料や参拝時間などが変更になる場合がありますのでご了承ください。
更新・訂正情報：https://www.arukikata.co.jp/travel-support/

●この本に関する各種お問い合わせ先
・本の内容については、下記サイトのお問い合わせフォームよりお願いします。
URL▶ https://www.arukikata.co.jp/guidebook/contact.html
・在庫については　Tel ▶ 03-6431-1250（販売部）
・不良品（落丁、乱丁）については　Tel ▶ 0570-000577
学研業務センター　〒354-0045　埼玉県入間郡三芳町上富 279-1
・上記以外のお問い合わせは　Tel ▶ 0570-056-710（学研グループ総合案内）

※本書は株式会社ダイヤモンド・ビッグ社より2017年1月に初版発行したものの最新・改訂版です。

学研グループの書籍・雑誌についての新刊情報・詳細情報は、下記をご覧ください。
学研出版サイト　https://hon.gakken.jp/
地球の歩き方　御朱印シリーズ　https://www.arukikata.co.jp/goshuin/

＼感想を教えてください！／

読者プレゼント

ウェブアンケートにお答えいただいた方のなかから抽選で毎月3名の方にすてきな賞品をプレゼントします！詳しくは下記の二次元コード、またはウェブサイトをチェック。

URL https://www.arukikata.co.jp/guidebook/enq/goshuin01